Y Mynydd Hwn

Y Mynydd Hwn

Deg o ysgrifau am fynyddoedd Cymru

lluniau gan
Ray Wood

Argraffiad Cyntaf – 2005

ISBN 1 84323 5579 (clawr meddal)
ISBN 184323 5560 (clawr caled)

℗ y delweddau: Ray Wood
℗ y testun: yr awduron unigol

Dymuna'r cyhoeddwyr gydnabod cymorth Adrannau Cyngor Llyfrau Cymru.

Argraffwyd yng Nghymru gan
Wasg Gomer, Llandysul, Ceredigion

'…byddwch yn addoli Duw ar y mynydd hwn'

Exodus 3[12]

'Ac ar y mynydd hwn fe ddifa'r gorchudd
a daenwyd dros yr holl bobloedd…'

Eseia 25[7]

'Yr oedd ein tadau yn addoli ar y mynydd hwn.'

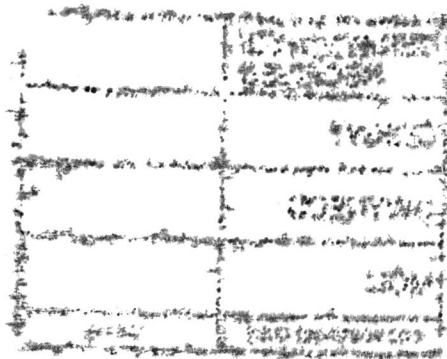

Ioan 4[20]

CYNNWYS

RHAGAIR

Bethan Mair

Beth yw mynydd? Mae'n bosib y dadleuai llawer un sy'n darllen y gyfrol hon nad oes deg gwir fynydd yn cael eu disgrifio, eu darlunio a'u hanwylo rhwng y cloriau hyn. O ran uchder, efallai y gallwn gytuno, ond weithiau, nid ar faint yn unig y pennir a yw mynydd yn fynydd. Na, dyw categoreiddio yn null y Munros yn yr Alban a'r Marilyns bondigrybwyll yng Nghymru a Lloegr ddim yn mennu dim ar awduron y gyfrol hon. Iddynt hwy, mynyddoedd yw pob un, a hynny am resymau ysbrydol a metaffisegol yn gymaint ag am wirioneddau daearyddol ffeithiol.

Wrth fynd ati i wahodd deg o awduron i ysgrifennu am fynydd oedd yn bwysig iddyn nhw, gwyddwn fod tasg anodd o ddewis yn fy wynebu. Penderfynwyd o ran cydbwysedd y dewiswn bum dyn a phum menyw, ac y ceisiwn gael cynrychiolaeth gytbwys o'r de ac o'r gogledd. Roedd rhai enwau'n eu cynnig eu hunain ar unwaith – yn enwedig Angharad Price, gan mai darllen ei chyfrol gampus hi, *O! Tyn y Gorchudd*, fu'r ysbrydoliaeth ar gyfer y syniad hwn yn y lle cyntaf. Llinellau agoriadol yr emyn a gyfansoddwyd gan Hugh Jones, Maesglasau (1749 – 1825), hen berthynas i Angharad, yw

> O! tyn
> Y gorchudd yn y mynydd hyn;

delwedd a fenthycwyd o Lyfr Eseia yn yr Hen Destament. Buasai'n amhosibl meddwl am y gyfrol hon heb gyfraniad gan Angharad, felly. A dyna gychwyn arni. Roedd deg o gyfranwyr yn eu lle mewn dim o dro, pob un ohonynt yn awduron penigamp, a phob un â rhywbeth gwahanol ganddo i'w ddweud – a hynny mewn modd gwahanol hefyd. Fe gafodd pob cyfrannwr ddewis ei fynydd ei hun a, diolch byth, fe weithiodd hynny'n iawn hefyd. Y cam nesaf oedd cael y lluniau.

Mae Ray Wood yn fynyddwr ac yn ffotograffydd uchel ei barch ym myd dringo a'r hyn a elwir yn *the great outdoors*. Mae wedi ymgartrefu yn Ninorwig ac mae'n fwyaf adnabyddus am ei luniau trawiadol o fynyddoedd. Roedd yn ddewis naturiol ar gyfer y gyfrol hon, felly. Bu Gwasg Gomer yn ffodus i sicrhau grant darlunio gan Gyngor Llyfrau Cymru i'w gomisiynu i wneud y lluniau hyn, ac maent i gyd yn lluniau newydd a dynnwyd yn bwrpasol ar gyfer y gyfrol hon.

Yn fwriadol y clywch dafodieithoedd gwahanol yn tincial yn yr ysgrifau; yn fwriadol hefyd y gwelwch dro'r tymhorau ar y mynyddoedd hyn yn y lluniau. Nid mynyddwyr a dringwyr difrifol yw'r awduron hyn, ac am eu sgiliau gyda geiriau ar bapur yn hytrach na chyda rhaff ar glogwyn y'u dewiswyd hwy, ond y maent i gyd yn rhannu eu profiadau hwy wrth droedio'r mynyddoedd hyn, fel y bo modd i ninnau, yn fynyddwyr ac yn gerddwyr, ac yn ddarllenwyr segur mewn cadeiriau cyffyrddus, rannu cyfaredd y lleoedd uchel, anial a dyrchafol hyn.

Y Mynydd Hwn

MYNYDD TYNYBRAICH

Angharad Price

Tynybraich. Yr un enw sydd i'r mynydd a'r fferm; i'r teulu hefyd, ar lafar gwlad. Bu cyndadau Mam yn ffermio'r mynydd hwn ers cyn cof, a'r achau y tu mewn i glawr y Beibl yn mynd yn ôl i'r unfed ganrif ar ddeg, yn geinciau o enwau dynion.

I Dynybraich y deuem ni ar ein gwyliau. Gadael Arfon chwarelyddol a theithio tua'r de, i ardal Dinas Mawddwy, i ddysgu sut beth oedd byw efo mynydd yn hytrach nag yn ei erbyn. Troi trwyn y car oddi ar y briffordd at ffordd fwy cyfrin lle'r oedd blodau'n estyn at y car a chwningod yn gwasgaru o'i flaen. Ar ochr mynydd y Ffridd Gulcwm deuem i olwg cwm Maesglasau. Gyferbyn â ni byddai mynydd Tynybraich, yn byramid glas yn codi i'w daldra o lawr cul y cwm, a chraig Maesglasau yn y pellter, a'r pistyll yn orwel fertigol.

Ond nid ar y mynydd yr edrychem. Cymerem y mynydd yn ganiataol. Y tŷ oedd yn bwysig. Y tŷ yng nghesail y mynydd. Y tŷ a roes ei enw i'r mynydd. Cartref ein nain a'n taid, a ninnau'n ysu i gyrraedd. Ond cyn dod at y tŷ rhaid oedd mynd i lawr rhiw y Ffridd, croesi'r nant, ac i fyny rhiw Tynybraich. Gweld dim o'n blaenau ond trwyn y car. Clywed cyfarth y cŵn wrth sŵn injan anghyfarwydd a dychryn wrth iddynt gythru am y teiars. Byddai ein nain, Nan fel y galwem hi, yn ein sadio eto, yn sefyll wrth ddrws y tŷ yn barod i'n croesawu, ac oglau cinio'n dod trwy ffenest y gegin.

Adeg rhyfel y daeth hi o Gwm Nant yr Eira ar ymweliad â Dinas Mawddwy. Gŵr gweddw oedd Taid ar y pryd, yn tynnu at y deugain ac yn dad i ddau o blant. Ni ddychwelodd Nan i 'fwynder Maldwyn'. Priodwyd Taid a hi, a daeth Nan yn wraig, yn wraig fferm, yn llysfam ac yn ferch-yng-nghyfraith yr un diwrnod. Dechreuodd ei bywyd ar fynydd Tynybraich. Cyn bo hir daeth yn fam i ddau arall.

Yn gynnar wedi eu priodas mynnodd Taid ei bod yn dysgu gyrru'r car. Roedd disgwyl ac angen iddi fod yn annibynnol. Ar y daith gyntaf, a'r eira'n ffres, gwyrodd y car oddi ar riw mynydd Tynybraich. Llithrodd at ymyl y ceunant. Sythodd Taid y car yn ddisymwth a gorfodi ei wraig ifanc i gwblhau'r daith at y tŷ. Dim ond yn ddiweddarach y diolchodd Nan am ei wers lem. Y car, weddill ei bywyd, fu ei dihangfa rhag y mynydd. Yn y car yr âi i Fachynlleth bob dydd Mercher ac i Ddolgellau bob dydd Gwener. Yn y car yr âi i weld ei chwaer yn Arthog bob nos

Sadwrn. Yn y car yr âi i'r pentref i gymdeithasu neu gydymdeimlo. Yn y car yr âi â phrydau bwyd i henoed y fro, a hithau, erbyn y diwedd, flynyddoedd yn hŷn na'i chwsmeriaid.

Yn y car yr oedd Nan ar ei mwyaf annibynnol. Adeg lecsiwn tynnai boster Plaid Cymru o'i bag llaw a'i roi yn ffenest y car, unwaith yr oedd wedi mynd o olwg mynydd Tynybraich. Gyrrai hyd y fro yn genedlaetholwraig bybyr. Ond cyn dod yn ôl i olwg y mynydd plygai'r poster a'i roi o'r neilltu eto. Ni wyddai Taid, ac yntau'n Llafurwr digymrodedd, ddim am ddeublygrwydd y car. O wybod, byddai wedi ymroi i ddwrdio a dadlau. Nid oedd dim yn well gan Taid nag ymryson, a dim yn waeth gan Nan.

Un wastad ei thymer oedd hi. Ymledai'r gwastadrwydd ohoni, a threfnodd y byd yn wastad o'i chwmpas. Roedd bwrdd ei chegin yn un o wastadeddau bywyd. Bydysawd ar ei wastad: planedau'r platiau a'r soseri, caeadau'r jariau jam a'r lemon cheese, y teisennau cri, y Victoria sponge, tafelli'r gacen fraith a phentwr y bara menyn, a'r llwyau a'r cyllyll yn gloywi'n serog rhyngddynt.

Creai Nan y teisennau bob bore. Taenu'r toes braith yn gyfandir fflat, a'i ffiniau'n ymestyn o'r canol i'r ymylon, bron heb inni sylwi, wrth i'r rholbren lithro dan law ysgafn a chadarn Nan. Gwewyr darnio'r toes i ni'r plant, ac wedi'r darnio, gwewyr crasu'r cylchoedd aur a'u staenio gan y radell. Ond gwenai Nan a bwrw ati. Roedd bwyd i'w baratoi.

Sawl tafell o fara a dorrodd yn ystod ei hoes, tybed? Sawl cacen a bobodd? Sawl cinio gorchestol a phwdin amheuthun a baratôdd heb ddisgwyl cydnabyddiaeth, na'i dderbyn chwaith? Diystyr fyddai ystadegau. Nid oedd Nan yn un i gadw cyfrif.

Gweithiai'n gywrain â'i llaw. Edrychem arni'n gweu, ar symudiad chwim y gweill, a'r ddolen wlân yn llacio a thynhau'n gyson dan reolaeth ei bys. Taflai'r dolenni'n ddifalio oddi ar y weillen; ni sylwai arnynt wrth eu bwrw heibio dan sgwrsio neu chwerthin. Ond adeg cast-off a make-up byddai tensiwn unffurf y pwythau'n dyst i'w gwastadrwydd. Pwythau gwastad na sylwem arnynt wrth dynnu'r dilledyn amdanom a mynd allan i chwarae.

Trodd weddillion dillad yn wastadeddau eang cwiltiau clytwaith. Gwyliem hi wrthi. Ei hamynedd diderfyn. Tynnu llinell am y templed alwminiwm. Torri'r hecsagonau. Tacio. Pwytho hecsagon wrth hecsagon, ac amser yn troi'n ofod. Anwastadrwydd bywyd bob-dydd yn troi'n wastatir patrymog, i'n cadw'n gynnes yn y nos.

Creodd Nan ardd iddi'i hun wrth gefn y tŷ. Amgaeodd ddarn o fynydd Tynybraich gyda ffens weiren. Cafodd gymorth y carcharorion rhyfel Eidalaidd i wneud y gwaith, a hwythau'n dangos iddi sut oedd cerfio terasau gwastad o'r

Mynydd Tynybraich

Y Mynydd Hwn

llethr. Yn y clytwaith cylchog hwn ar ochr mynydd Tynybraich aeth Nan ati i feithrin blodau a phrysgoed. Croesacennai'r ardd â'r mynydd, fel y croesacennai enwau Lladin y planhigion a'i hacen Gymreig hi.

Ond roedd y pridd yn fras a graeanog, a heb fod yn ffafriol i dyfu blodau nad oedd yn gynhenid. Tueddai'r mynydd i hawlio'i dir yn ôl ac âi'r terasau'n fwyfwy serth. Eto, daliodd Nan ati, a chreu cornel o 'baradwys' iddi'i hun. Byddai'n byw a bod yn ei gardd, yn picio yno cyn i neb godi, ac eto'r hwyr cyn noswylio. Ei gardd ar ochr y mynydd oedd ei balchder.

Yr unig adeg y collai Nan arni'i hun oedd pan dreiddiai defaid trwy'r ffens i'r ardd, gan fwyta'r hyn oedd fwytadwy, sathru'r gweddill a damsang y terasau. Erbyn eu hel yn ôl i'r mynydd ni fyddai gardd Nan ond darn di-borfa o'r mynydd. Efallai mai hi fu wirionaf yn herio'r mynydd. Ond cyn hir byddai'r blodau'n ôl. Daliai Nan ei thir heb ddal dig.

Yn wastad ei cherddediad a gwastad ei sgwrs, roedd ei chymwynasgarwch a'i rhadlondeb yr un mor wastad. A mwy gwastad na dim oedd ei hurddas diymhongar. Treuliodd ei hoes rhwng dau fynydd heb i'r llethrau ddweud arni.

Edrychai arnom yn chwarae o ffenest y tŷ. Gwylio'r mynydd yn dysgu gwers i blant a fagwyd ar rostir, yn tynnu ei

hun oddi tanom a ninnau'n hedfan yn lle glanio. Troeon tindros-ben, ac ysgall, gwlân a baw defaid yn cydio ynom ar y daith ar y goriwaered.

Yn y tŷ, efo Nan, caem ein traed danom eto. Llonyddwch yr aelwyd. Syllu i'r tân. Menyn yn meddalu mewn dysgl wydr. Sŵn Nan yn gosod y bwrdd.

Deuai Taid i mewn yn oer o'r mynydd, a sigarét Players ar fin darfod rhwng ei fys a'i fawd. Clywem wich ei anadl wrth iddo nesáu at y gegin. A dyna pryd y tawelai ein parablu. Rhwng cipiadau o anadl, wrth y bwrdd, gwrandawem arno'n sôn am y mynydd.

Roedd gwastatir ar y topiau. Yno'r oedd llwyni llus dan draed a phyllau dŵr lle'r arferid cloddio mawn. Yno'r esgynnai'r ehedydd ac y plymiai'r gwalch glas. Ac oddi yno, meddai Taid, nid oedd Bwlch yr Oerddrws, ymhell oddi tanoch, yn ddim ond llwybr fflat. A phan godech eich golygon nid oedd dim ond mynyddoedd yn y byd: Waun Oer, Foel y Ffridd, Foel Bendin, y Glasgwm, Aran Fawddwy, Aran Benllyn, Cader Idris . . . Gwyddai Taid eu henwau i gyd.

Soniai am ofergoelion ac roedd eu geirfa'n ddieithr: 'gwylliaid', 'plu'r gweunydd', 'mawnog', 'sarn'. Daeth â thystiolaeth, unwaith, o hud yr uwchfyd hwn: sbrigyn o rug gwyn, a'r blodyn hynod hwnnw a lyncai bryf. Ni allem beidio â'i gredu. Ac eto, ni allem ei gredu'n llwyr. Roedd naws chwedlonol i destament Taid, ac yntau ei hun mor ddieithr i ni.

Wedi gorffen swper cydiai'n ei sbectol un-goes ac ymgilio i'r parlwr i blygu dros lyfr, neu i sgwrsio. Byddai yn ei elfen yn trafod: llyfrau, hanes, gwleidyddiaeth, a'i orwelion mor eang â phetai wedi byw hyd ei oes ar ben mynydd. Edrychem ninnau arno fel yr edrychem tua chopa mynydd Tynybraich, ar ogwydd ac o bell. Ac fel gyda'r mynydd, mynnem ei sylw a'i ofni hefyd. Llethrau serth ei bersonoliaeth: ei agweddau pendant, a'r chwerthin ar wiriondeb dyn.

Ni wyddem bryd hynny am Taid y bugail, am ei ofal dyddiol dros ddefaid y mynydd. Ni wyddem amdano'n ŵr ifanc, heini yn esgyn i'r mynydd trwy'r pedwar tymor, i barhau â gwaith ei gyndadau.

Rhwng gaeaf a gwanwyn cludai lafn bachog y bilwg i'r mynydd i dorri brigau mân yn borthiant i'r defaid. Yn nhymor wyna esgynnai i gyfrif yr ŵyn, gan warchod y gweiniaid rhag brain a llwynogod. Weithiau, pan ddeuai oerfel hwyr, byddai eirlaw o'r mynydd yn sigo'r ŵyn gwantan. Bryd hynny, dringai Taid y ffriddoedd trwy fflangell y glaw. Dychwelyd ag oen ym mhoced ei gôt, un llaith a llithrig, ei anadl yn afreolaidd a'i ben yn ordrwm. Dodi'r oen ar yr aelwyd mewn bocs wedi'i leinio â phapur newydd. Maethai'r diymadferth â llaeth trwy deth rwber.

Gwyliai Nan o bellter, ar fywyd yn y fantol, a baw y bywyd hwnnw yn baeddu carreg yr aelwyd.

Yn y gwanwyn, pan fyddai bylb golau'r gegin yn pylu, byddai'n rhaid i Taid ddringo at y gronfa ddŵr ar ochr y mynydd. Roedd grifft llyffant yn atal llif y dŵr o'r gronfa trwy'r ffos serth a weithiai'r tyrbein trydan. Ac wedi symud y grifft yn ddyrneidiau o'r ffordd, rhoddai un dyrnaid mewn jar. Dychwelai at y tŷ efo'r trysor tryloyw. Goleuai wynebau ei blant yr un pryd ag y goleuai'r bylb eto yng nghegin y tŷ.

Ddechrau'r haf, adeg diddyfnu, Taid a yrrai'r ŵyn gwryw ar y goriwaered a'r mamogiaid i'r mynydd. Am ddyddiau wedi'r gwahanu brefai'r mamogiaid am eu hepil. Gwyliai Taid nhw'n gwasgu eu cyrff ar fariau llidiart y mynydd.

Taid a'i gymdogion a gasglai'r defaid adegau dipio, cneifio a thocio, a'r cŵn call yn cymell defaid o'r ceunentydd dirgelaf. Casglu holl ehangder y mynydd a'i wasgu trwy ddwy lath a hanner y llidiart, a'i gynnwys – y mynydd – ar fuarth y fferm. Ar derfyn dydd ymlaciai Taid a'i gymdogion yn sŵn seindorf frefus y corlannau llawn. Tynnu coes wrth y bwrdd bwyd, a Nan yn gwrando wrth ail-lenwi'r platiau a'r dysglau pwdin.

Yn yr hydref daliai'r mynydd i alw ar Taid, a'r rhedyn coch angen ei dorri, yn wely i'r anifeiliaid dros y gaeaf. Ond yn y gaeaf ei hun y gelwid arno daeraf i ddod rhwng ei braidd a'r mynydd. Yn y gaeaf, y mynydd oedd y meistr. Ar dywydd garw, dringai Taid y llethrau i chwilio am ddefaid dan yr eira. Gollwng ffon gollen trwy drwch gwyn y lluwchfeydd. Gwyddai o hir brofiad ymhle yr ymochelai'r defaid. Pryder a gobaith pob proc, nes taro ar feddalwch anifail. Tyrchu trwy'r eira nes cyrraedd y ddafad. Ac wedi ei rhyddhau, codai Taid oddi ar ei liniau i'w gwylio'n dianc, a'r talpiau eira hyd ei gwlân yn disgleirio yng nglesni'r bore bach. Nid lle bugail oedd disgwyl diolch.

Oriau'n ddiweddarach y dychwelai Taid at y tŷ, a llosg eira'n cloffi ei gam wrth iddo droedio dros y trothwy. Codai'r rhyddhad fel tarth oddi ar wyneb Nan wrth iddi ddodi powlenaid o botes chwilboeth gerbron ei gŵr.

Mynydd Tynybraich

Ni wyddem ni am y gofal dyddiol hwn y mynnodd y mynydd ei gael gan Taid. Roedd wedi rhyw hanner ymddeol erbyn ein dyfodiad ni, a brawd Mam yn ysgwyddo'r baich. Ni wyddem ychwaith am hanes Taid, am eni tri o'i frodyr yn ddall a'u hanfon yn gynnar i ysgol breswyl yn Worcester, am farw dau frawd arall iddo, ynghyd â chwaer, ei unig chwaer. Ni wyddem mai dim ond Taid oedd ar ôl i barhau â gwaith ei gyndadau. Yn un ar ddeg fe'i tynnwyd o'r ysgol i ddechrau gwaith ei fywyd ar fynydd Tynybraich. Yn un ar ddeg oed gallodd faddau i'r mynydd.

Disgyrchiant a'i wers lem. Dysgodd Taid hi yn ifanc. Ceisiodd mynydd Tynybraich feddiannu ei fywyd. Ceisiodd feddiannu ei addysg. Ceisiodd feddiannu ei freuddwyd am fynd yn feddyg. Ond ni threuliodd Taid weddill ei fywyd yn byw ar oleddf. Daeth i gyfaddawd â mynydd ei etifeddiaeth. Rhannodd ei fywyd rhwng y mynydd a chymdeithas ei gyd-ddyn. Bu'n gynghorydd sir am ddegawdau, yn aelod blaenllaw o Undeb Cenedlaethol yr Amaethwyr a hynny'n ei alluogi i deithio ymhell oddi wrth y mynydd i gynadledda yn Llundain a Brwsel.

Er mai ffermwr anfoddog ydoedd, torrodd Taid ei enw yn yr achau y tu mewn i glawr Beibl y teulu. Derbyniodd enw'r mynydd. Ac wedi eu priodas, rhannodd Nan yr enw hwnnw: Tynybraich, cyfamod mynydd a thŷ.

Cofiaf ddringo mynydd Tynybraich unwaith. Roedd Taid wedi ei gladdu ers blynyddoedd, Nan ers rhai misoedd. Ar y gwastatir ar y topiau gwelwn destament Taid o flaen fy llygaid:

y llwyni llus, y pyllau dŵr, yr ehedydd, y gwalch glas, Bwlch yr Oerddrws yn ddim ond llwybr fflat, y mynyddoedd o gylch, y gwylliaid, plu'r gweunydd, y fawnog a'r sarn, a'r copaon na wyddwn i mo'u henwau...

Teimlad o dresmasu, a chorws o rybuddion yn byddaru: siffrwd llygoden trwy'r tyfiant; trydar stwrllyd aderyn yn sydyn o'm blaen; crawcian y brain o ben y graig; defaid yn ffroeni. Ychydig a wyddent mor anghynefin oedd yr ymwelydd.

Nid oedais yn hir yno. Nid lle i oedi ynddo yw copa. Neu efallai i mi ofni y tynnai'r mynydd ei hun oddi tanof, ac y byddwn yn hedfan yn lle glanio, yn blentyn eto. Beth bynnag, roedd rhaid ymadael. Cyn iddi nosi byddai'n rhaid i mi ffarwelio â'm modryb a'm hewythr a throi cefn ar fynydd Tynybraich. Byddai'n rhaid gyrru heibio i'r Ffridd Gulcwm a dychwelyd at y briffordd, gan droi trwyn y car tua'r de, tua Chaerdydd, lle'r oedd gwaith yn galw.

Brasgamais ar y goriwaered trwy'r ysgall a'r gwlân a'r baw defaid. Troeon tin-dros-ben. Nes dod i olwg y tŷ. A dyna pryd yr arafais, fel yr oedd Taid ei hun wedi ei wneud, gan adael i ddisgyrchiant y tŷ fy nhynnu ato. Yn fy mhen yr oedd sŵn Nan yn gosod y bwrdd.

Ac wrth edrych ar y tŷ o ochr mynydd Tynybraich, cofiaf sefyll yn stond a rhyfeddu at gulni'r sil lle safai, a'r dibyn oddi tano. A gwelais, fel y gwelodd Taid, y gwastadeddau yn ymledu ohono ac yn llenwi'r cwm.

Y Mynydd Hwn

MYNYDD Y GWRHYD
Alun Wyn Bevan

Roedd hi'n hwyr y prynhawn, ddydd Gwener, y seithfed o Orffennaf, 1978, yn Ysgol Gynradd Ystradowen, Cwmllynfell. Roedd yr olygfa o'r iard yn drawiadol: y Mynydd Du yn ei holl ogoniant. Yn y gorffennol dychwelai glowyr pentrefi Tairgwaith, Gwaun-cae-gurwen, Brynaman, Cefn-bryn-brain, Ystradowen a Chwm-twrch o berfeddion pyllau Brynhenllys, Cwmllynfell, Cwm-gors, yr Ynys, y Maerdy, y Steer a'r East Pit a throi eu golygon at brydferthwch Garreg Lwyd, Penlle'r Fedwen, Cefn Carn Fadog a Foel Fraith. Mewn byd o galedi a thlodi roedd yr olygfa'n falm i'r enaid.

Ac er bod fy mhentre genedigol, y Gwter Fawr, neu Frynaman i weddill Cymru, o fewn dwy filltir i Ystradowen, do'n i'n gwybod fawr ddim am y filltir sgwâr. Roedd rhesymau da am hynny. Derbyniais addysg bore oes yn yr ysgol gynradd leol mewn cyfnod lle'r oedd athrawon yn gaeth i gwricwlwm undonog a diflas. Y nod oedd sicrhau llwyddiant yn yr 'eleven plus' dieflig. Roedd y weiren bigog a amgylchynai iard yr ysgol yn ffinio â Pharc Cenedlaethol Bannau Brycheiniog ond, er bod nifer fawr o'r athrawon yn haneswyr a naturiaethwyr o fri, doedd dim modd cyfeirio at hediad ambell gudyll na threulio amser yn astudio nentydd y Mynydd Du oedd wrth law.

Crwydro o gwmpas y dosbarth ro'n i ar y pryd gan gynghori a lled-awgrymu ambell welliant yng ngwaith ysgrifenedig grŵp o blant oedd ar fin troi eu golygon i gyfeiriad porfeydd brasach yr ysgol fawr yn Rhydaman. Wrth ramantu am orffennol oedd rhywsut yn llai ffrenetig a bygythiol, dwi'n dal i glywed cwestiwn Mari Nest yn tarfu ar y tawelwch. Hi fu'n gyfrifol am greu'r cyffro a'r diddordeb; merch un ar ddeg oed yn anuniongyrchol yn addysgu a dylanwadu ar bennaeth ysgol!

'Syr, 'ych chi'n bwriadu mynd ar y daith gerdded 'fory?' gofynnodd y ferch wynepgoch, llawn ynni a llonder. 'Mae 'na griw o naturiaethwyr yn ffurfio cymdeithas newydd sbon a ma' nhw'n cerdded o bont Brynhenllys i Ffrydiau Twrch yfory.' Eglurais ag elfen o embaras fy mod i'n chwarae criced i dîm Rhydaman y prynhawn canlynol. Ie, ei diystyru wnes i; do'dd gen i ddim diddordeb mewn natur.

Dihunais fore trannoeth yn rhyfeddol o gynnar, wedi troi a throsi drwy'r nos. Euogrwydd oedd yn gyfrifol am hynny – un o blant y dosbarth yn mynychu taith gerdded a'r prifathro'n chwarae criced! Edrychais drwy'r ffenest a gweld ei bod hi'n arllwys y glaw. Penderfynais yn y fan a'r lle y byddwn yn ei throi hi am Gwmllynfell erbyn hanner awr wedi deg ac ymuno â phobol oedd yr un mor frwdfrydig am yr amgylchedd ag yr oeddwn i am y campau.

Bu'r diwrnod yn un bythgofiadwy er bod y tywydd, gwaetha'r modd, yn reit stormus ar adegau; ond doedd fawr o ots am hynny. Roedd brwdfrydedd y criw yn heintus a minnau a nifer fawr o gerddwyr eraill yn effro i'r holl wybodaeth a gyflwynwyd. Ro'n i'n 'hooked' ac yn methu â chredu fod cymaint i'w weld a'i werthfawrogi a hynny o fewn ergyd Ian Botham i'r ysgol lle'r o'n i'n bennaeth. Mae'n wir am nifer fawr ohonom; ymfalchïo ein bod wedi crwydro i wledydd a chyfandiroedd estron a thystio i ryfeddodau'r cread ond heb flasu hud a lledrith ein milltir sgwâr. Roedd y Mynydd Du a Mynydd y Gwrhyd, lle roedd Mam-gu wedi'i geni a'i magu yn Fferm Fforchegel, o'm cwmpas ond rhywsut ro'n i'n eu hanwybyddu.

Mae'r llyfr nodiadau a fu'n gymorth ar hyd y daith yn dal ar un o silffoedd llyfrau fy nghartref ac mae pori drwy'r tudalennau fel ailredeg rîl o ffilm; profiadau sy'n dal i danio'r dychymyg ac ailgynnau cyffro'r diwrnod. Ar y tipiau glo wrth ymyl y llwybr nodwyd y planhigion canlynol: bedwen, edafeddog leiaf, peradyl, pys y ceirw, helygen, creulys y coed, gruw gwyllt, meillionnen goch a meillionnen wen. O dan y coed ar lan yr afon nodwyd rhawn mawr y march, cliniogau, caldrist lydanddail. Ymhlith y coed ar lan afon Twrch roedd dwy dderwen, quercus petrea a quercus robur ac ar eu dail gwelwyd gwyfyn gwyrdd y dderwen. Dyma, yn ôl yr arbenigwyr, oedd y troseddwr sy'n bennaf cyfrifol am ddifa dail ein coed derw.

Ar ôl croesi'r bompren i Sir Gaerfyrddin gwelwyd aethnen ifanc, populus tremola, yn tyfu'n unig a digyfaill ar lan yr afon. Yn y ceunant ger Pwll y Berw gwelsom redyn Mair, marchredynen wrychog, dueg-redynen werdd a'r gronell. Roedd nifer o'r arbenigwyr wedi gwirioni ar gynnwys y ceunant gan gyfeirio at nifer o blanhigion anghyffredin yn tyfu ar hyd yr ochrau serth. Ro'n i yno'n geg-agored, yn sugno'r holl wybodaeth fel darn o bapur blotio.

Heibio hen ffermydd Pen-y-wern, Gellïau, Derlwyn Isaf, Dorwen a Sarn-fân i gyfeiriad Ffrydiau Twrch. Roedd rhai yn adfeilion llwyr ac eraill wedi'u meddiannu gan natur. Bellach doedden nhw ond yn enwau ar fapiau'r Arolwg Ordnans. Roedd y glaw mân yn chwipio o gyfeiriad Llwyncwmstabl ond roedd yna bwrpas ym mhob un cam gan ein bod yn benderfynol o gyrraedd Ffrydiau Twrch. Byrlymai'r nentydd mas o grombil Pen-yr-helyg; y dŵr yn glir fel y grisial ac yn tasgu'n afreolus i gyfeiriad y Twrch gerllaw. Bu'r diwrnod yn un bythgofiadwy a minnau'n dychwelyd i Frynaman wedi gwirioni ar yr holl brofiadau.

Gwariais ffortiwn yn ystod yr wythnosau canlynol yn prynu llyfrau a fyddai'n gymorth i mi adnabod coed, planhigion, adar a thrychfilod. Yn sydyn, doedd criced ddim mor bwysig â hynny. Ro'n i'n aelod selog o Gymdeithas Edward Llwyd ac yn grwydrwr ffyddlon. Y bwriad oedd addysgu fy hun er mwyn i mi drosglwyddo gwybodaeth i ddisgyblion ysgol Ystradowen ac yn ddiweddarach yng Nghwm Nedd a Phontardawe.

Yn ystod y blynyddoedd, diolch i Mari Nest a phobol o galibr Dafydd Davies, Ted Breeze Jones, Ann Tomos, Twm

Elias, Dillwyn Roberts, Rosanne Alexander ac eraill cefais fodd i fyw. Crwydrais y cyfandiroedd gan werthfawrogi'r hyn a welwyd: mynyddoedd herfeiddiol yr Andes, rhyfeddodau'r Rockies, cyfrinachau Kerala, rhewlifoedd Norwy, prydferthwch digamsyniol tiroedd uchel Lesotho yn ogystal â holl ddirgelwch Petra a'r Dwyrain Canol. Serch hynny, mae yna un darn o dir sy ar frig y rhestr, a hwnnw ond ergyd Sachin Tendulkar o'r Mynydd Du a Ffrydiau Twrch. Cyfeirio rwyf at Fynydd y Gwrhyd.

Ychydig iawn o Gymry sy'n gwybod am fodolaeth y lle. Mae hyd yn oed tirfesurwyr yr Ordnance Survey, am ryw reswm, wedi anwybyddu'r darn tir hudolus hwn rhwng Rhyd-y-fro a Chwmllynfell. Ar ôl cyrraedd pentre tawel Cefn-bryn-brain – pentre genedigol yr Athro Derec Llwyd Morgan a Mair Lewis, mam un o sêr y byd rygbi presennol, Josh Lewsey – o gyfeiriad Brynaman, ewch mlân i Gwmllynfell, pentre genedigol Watcyn Wyn a Ben Davies. Mae yna hewl fach yn troi i'r dde rhwng Capel Cwmllynfell a'r ysgol: dyma'r hewl sy'n arwain i Fynydd y Gwrhyd.

I fyny â ni, heibio i Dafarn y Boblen a fu'n gartre i Glwb Rygbi Cwmllynfell am flynyddoedd lawer, a chae rygbi'r Bryn lle bu Eic Davies yn sgriblo nodiadau ar brynhawnie Sadwrn cyn raso am ei fywyd yn ei A30 i stiwdios y BBC yn Abertawe. Yn y gorffennol, bu sawl crwtyn ifanc yn cerdded lan Hewl y Bryn yn llawn gobeithion ar fin dechre gyrfa dan ddaear –

rhai'n gweithio yn y pylle bach niferus a greithiodd y bryniau cyfagos, ac eraill yn troedio dros y comin i byllau'r Steer, yr East Pit a'r Maerdy ger Gwauncaegurwen. Roedd glo caled yr ardal yn cael ei allforio ledled byd ac yn ôl pob sôn roedd yna 'stoves' pwrpasol yn yr Unol Daleithiau a Chanada â'r geiriau, 'Use GCG coal only' mewn llythrennau bras ar y ffrynt.

Am ychydig mae dyn yn ffarwelio â'r hen gwm diwydiannol; 'dyw hewl y Gwrhyd ddim yn gwegian dan bwysau pobol a cheir'. Gwelir defaid mynydd fel smotiau gwynion yn pori yn y pellter ac ar y chwith nifer o dai cerrig cadarn a adeiladwyd â gofal i wrthsefyll grym y gwyntoedd gorllewinol. Yna'n sydyn, daw olion o'r oes a fu; tri gwaith glo bach – y Gover, y Glen a Gwaith y Tyle. Roedd un o gyn-berchnogion y Gover yn ŵr dysgedig: byddai'n ymddangos o'r ffâs am dri yn y prynhawn yn golier o'i gorun i'w sawdl ond, o bryd i'w gilydd, diflannai, mewn siwt Savile Row, i bellteroedd byd gan ei fod yn Athro Daeareg mewn Prifysgol yn y Dwyrain Pell. Cynhyrchwyd glo caled o ansawdd da yng nglofa'r Glen tan yn gymharol ddiweddar. Bellach mae gweithfeydd glo caled o'r fath mor brin â gwiwerod cochion.

Tan yn gymharol ddiweddar, wrth lywio'r car ar hyd yr hewl droellog i Goedffalde, roedd modd bwrw golwg i gyfeiriad Ystradowen a chael cip sydyn ar dip glo Gwaith Cwmllynfell, ond symudwyd y cyfan yn yr 1980au ac ail-lunio'r tir. Ar y pryd roedd nifer yn yr ardal yn anfodlon symud y pyramid du ac yn awyddus i'w gadw yn yr unfan er mwyn atgoffa'r oes bresennol o ddioddefaint y gorffennol a dangos shwd oedd pobl wedi torri at yr asgwrn er mwyn cael deupen llinyn ynghyd.

Ar waelod Tyle'r Roc mae yna lôn yn disgyn i bentre cysglyd Rhiw-fawr ac o fewn tafliad carreg, yn ymyl Fferm Hendreforgan, mae yna banorama anhygoel yn ymagor yn ddiarwybod o flaen ein llygaid. Yn wir, yn yr hydref, mae lliwiau caleidoscopig y coed o gwmpas afon Twrch yn atgoffa dyn o Vermont ar ei orau, ac wrth ddilyn y tirlun i'r gorwel, gellir gweld bryniau ardal Llyn y Fan lle mae afonydd Tawe, Wysg, Haffes, Giedd, Gwys a Thwrch yn tarddu.

Roedd seren y sgrîn fawr, Peter O'Toole, yn ymwelydd cyson â Thafarn y Roc. Roedd cartre Siân Phillips, gwraig yr actor bydenwog, yng Nghwmllynfell ac mae'n debyg fod seren y seliwloid wedi gwirioni'n llwyr ar y llecyn hudol. Yno yr eisteddai, yn ymlacio'n braf wrth yfed peint o gwrw Evans Bevan yng nghwmni'r ffermwyr a'r coliars. Pallodd anadl yr hen dafarn yn y 1960au ac mae'r adeilad erbyn hyn yn rhydu'n hamddenol ar y llethrau.

Cyn cyrraedd yr ucheldiroedd rhaid concro un tyle arall hynod serth – y Cilfer. Mae sawl cerbyd pwerus yr oes bresennol yn cael anhawster dringo i'r tir uchel, a dychmygaf mai tuchan a bwldagu fydde ambell i Morris Minor ac MG

Magnette o'r gorffennol. Ond ar ôl llwyddo mae'r golygfeydd yn syfrdanol. Ar ddiwrnod clir mae modd gwerthfawrogi Bannau Sir Gâr, y Fan Hir, Fan Gyhirych, Fan Nedd, Pen y Fan, a Chraig-y-Llyn uwchben Glyn-nedd.

Ar ôl gwledda ar brydferthwch digymar yr olygfa, trown i gyfeiriad Rhyd-y-fro a'r mynydd-dir eang yn ymledu am filltiroedd. Mae yna ryw dawelwch marwaidd ac annaturiol ond, hwnt ac yma, gwelir enghreifftiau o'r hacrwch o waith dyn – gweithfeydd glo Bryngorof, Lefel y Parc, Tir Bach ac ymgais cwmni glo brig i ddinistrio'r tirwedd. Yn ymyl fferm Troedrhiwfelen, yn nhyddyn di-nod y Parc, y ganwyd Eic Davies, ac o fewn lled cae ym mwthyn Ca' du Ucha' roedd mam-gu a thad-cu Rhys Haydn Williams yn arfer byw. Llosgwyd y lle yn ulw yn y pumdegau. Chwaraeodd Rhys Haydn yn yr ail reng i Lanelli, i Gymru a'r Llewod ac ar daith yn Seland Newydd ym 1959, ac fe'i disgrifiwyd gan Colin Meads fel un o gewri'r gêm.

Cyn canfod Capel y Gwrhyd, mae yna hewl fach gul yn igam-ogamu ei ffordd i waelod y cwm ac i gyfeiriad Ystalyfera. Mewn ffermdy diarffordd y trigai brodyr Gelliwarog. Agorodd y ddau waith glo bach a'r drifft yn eu tywys at ffâs hynod broffidiol. Yn dilyn ymweliad oddi wrth un o Arolygwyr Ei Mawrhydi, gofynnodd am weld y stretsiar. Gan mai'r ddau oedd yr unig weithwyr cyflogedig, dychwelodd Wil â whilber

Mynydd y Gwryd

Y Mynydd Hwn

gan ddweud, 'Dyma'r unig stretsiar sy'n mynd i achub bywyde yn y lle 'ma, syr!'

Rhyw ganllath o'r capel mae yna olygfa sy'n ein hatgoffa nad yw'r trefi poblog ddim ymhell. Mae'r llanastr llwyd o gwmpas Pontardawe, a ddisgrifiwyd mor gywrain gan Gwenallt yn ei gyfrol Ffwrneisi, wedi hen ddiflannu, ond ceir cip brysiog ar brysurdeb y ffatrïoedd newydd a'r parciau busnes ar gyrion Treforys ac Abertawe.

Syml a phlaen yw'r capel o ran ei adeiladwaith ond mae modd cysgodi rhywfaint rhag y gwynt sy'n rhuo ac ymlonyddu a myfyrio wrth wrando ar gân yr ehedydd yn dyrchafu mawl. O'r tir uchel mae'r wlad yn graddol ymagor a sawl fferm yn ymddangos – Cwmnantstafell, Cwmnantllici, Gellifowy, Crachlwyn, Pentwyn, Perthigwynion, Llwynpryfed, Fforchegel (fu'n gartref i deulu'r adarwr a'r naturiaethwr Iolo Williams), Gwrhyd Ucha', Gellilwca, Ynys-wen a'r Pant. Gyferbyn â'r capel saif sgerbwd o adeilad; am gyfnod bu'n ysgoldy ac yna'n ysbyty i gleifion a ddioddefai o glefydau marwol y gorffennol. Draw ar y chwith, ar gesail y bryn, mae Fferm Blaenegel ac islaw gwelir afon Egel yn tasgu dros y cerrig gwynion ar ei thaith i gyfarfod â Chlydach Ucha' ac yna Tawe ym Mhontardawe. Cyn cyrraedd pen y daith, a chyn cyrraedd tafarn y Travellers yn Rhyd-y-Fro, mae yna ddwy hewl yn troi i'r chwith – un i bentre Ynysmeudwy a'r llall i eglwys Llan-giwg.

Falle nad yw enw'r Gwrhyd wedi'i gynnwys mewn llythrennau bras mewn unrhyw atlas, ond bydde rhai yn ddiolchgar am hynny!

Y Mynydd Hwn

CADER IDRIS
Bethan Gwanas

Dwi wedi teithio'r byd (ddwywaith) ei led a'i hyd (wir yr – dwi wedi dilyn llinell ledredd 52 reit rownd y byd, ac yna i lawr am Begwn y De ac i fyny'r ochr arall); dwi wedi gweld y Rockies, yr Andes, yr Alpau, yr Urals, y Cairngorms, y Picos, y Pyreneau a mynyddoedd mawrion eraill na chofiaf eu henwau i gyd, ond mi alla i ddeud â'm llaw ar fy nghalon na welais i erioed fynydd oedd chwarter mor arbennig â Chader Idris. Efallai bod yr Wyddfa'n fwy ac yn fwy enwog, ond rhyw chwaer fawr hyll ydi hi yn fy marn i, a'r Gader ydi Sinderela fach. Er, cofiwch chi, yn fersiwn 1695 o *Britannica* Camden, cyhoeddwyd mai Cader Idris, nid Ben Nevis, oedd mynydd uchaf Prydain, a bu pobl yn credu hyn am flynyddoedd. Yn yr 1720au, ysgrifennodd Daniel Defoe iddo weld 'the famous Cader-Idricks which some are of the opinion is the highest mountain in Britain'. Yn anffodus, darganfuwyd nad oedd hynny'n wir wedi'r cyfan, ond dyw maint ddim yn bob dim, ac mi ddywedaf eto: does 'na'r un copa all gyffwrdd Cader Idris.

Iawn, dwi'n derbyn fod a wnelo'r ffaith i mi gael fy ngeni a'm magu wrth droed y mynydd ryw gysylltiad â'm hoffter ohono, ond mae 'na bobl o bell yn cytuno efo fi. 'I lay there in silence; a spirit came over me . . .' meddai'r bardd Mrs Hemans ganol yr 1800au, '. . . things glorious, unearthly, passed floating before me'. Credai Peacock yn yr un cyfnod mai dyma 'The land of all that is beautiful in nature'. Oes, mae 'na rywbeth am y Gader.

Dyna'r enw i ddechrau. Pwy oedd Idris? Cawr medd rhai, ond yn ôl eraill roedd o'n un o dri seryddwr oedd mor wybyddus roedden nhw'n gallu rhag-ddweud pob dim. Gwydion ap Dôn a Gwyn ap Nudd oedd y ddau arall yn y drindod, ond enw Idris roddwyd ar y mynydd. Yn ôl y sôn, byddai'n eistedd ar y copa i syllu ar y sêr ac, yn y diwedd, naddwyd siâp ei ben-ôl yn gafn yn y mynydd. Mae rhai'n awgrymu mai'r hen drefn o alw dynion dysgedig yn 'gewri' ddechreuodd y chwedl. Ond credai eraill mai prawf o'i faint oedd y tair carreg anferthol – y tri graienyn – arferai fod ar dop Bwlch Tal-y-llyn. Mae'n debyg mai Idris a'u taflodd yno wedi iddo eu teimlo yn ei esgid. Roedd 'na lyn yno o'r enw Llyn y Tri Graienyn hefyd, ond pan adeiladwyd y ffordd newydd dros y bwlch, llanwyd y llyn a chwalwyd dwy o'r cerrig. Bwlch y Llyn Bach ydi'r hen enw ar y Bwlch mewn gwirionedd, ond gan nad oes llyn bellach, Bwlch Tal-y-llyn ydi o heddiw, mae arna i ofn.

Mae'n debyg fod 'na lawer iawn o dylwyth teg yn byw ar odrau Cader Idris ers talwm, a rhai'n gleniach na'i gilydd. Un go gas oedd dyn bach gwyrdd Llyn Gwernan. Gyda gwên fileinig, byddai'n gwylio pobl yn dringo'r Gader, yna'n hudo niwl a stormydd wrth iddyn nhw nesu at y copa, gan weiddi 'Daeth yr awr!' Byddai'r dringwyr druan yn disgyn i'w tranc oddi ar y clogwyni yn y gwynt a'r niwl, ac yna byddai'r dyn bach gwyrdd yn hel y darnau o'u cyrff at ei gilydd a diflannu efo nhw i waelod Llyn Gwernan. A, rhyfedd o fyd, mae'n debyg fod rhyw fath o algae yn y llyn sy'n creu'r swigod rhyfeddaf yn ystod hafau poeth. Y dyn bach gwyrdd yn stwyrian tybed?

Yn ystod y ddeunawfed ganrif, daeth yn ffasiynol i bobol efo pres (fath â Kilvert, a Tennyson hyd yn oed!) ddod yma ar wyliau i brofi'r golygfeydd gwyllt a rhamantaidd. Er, chafodd Kilvert mo'i blesio: 'The stoniest, dreariest, most desolate mountain I was ever on,' meddai'r crinc blin. Doedd o'm yn un am wynt a glaw, mae'n debyg. Ta waeth, yn 1784, roedd Robin Edwards eisoes wedi bod yn arwain pobl i fyny'r mynydd ers 40 mlynedd.

Roedd yr ymwelwyr o Loegr wedi gwirioni'n lân pan godwyd caban ar y copa yn yr 1830au. Erbyn 1869, byddai rhwng deugain a thrigain o geffylau mynydd Cymreig yn cael eu cadw yn y dref i gario pobol ddiog i fyny'r Gader a byddai

nifer o ddynion lleol yn cynnig eu hunain fel tywyswyr. Roedd 'na un cymeriad lliwgar iawn wedi paratoi taflen i'w hysbysebu ei hun. Dwi ddim yn siŵr ai wedi llyncu geiriadur oedd o, neu wedi gofyn i Sais ei sgwennu ar ei ran, a hwnnw wedi cael 'chydig o hwyl am ben y creadur, ond dyma i chi'r hyn oedd ar y daflen:

> Guide general and magnificent expounder of all the natural and artificial curiosities of North Wales, professor of grand and bombastical lexicographical words; knight of the most anomalous, whimsical, yet perhaps, happy order of hair-brained inexplicables.

Mae 'na lawer yn drysu pa un o'r pedwar copa ydi'r Gader. Felly dyma egluro unwaith ac am byth: o'r gorllewin a chyfeiriad Tal-y-llyn, y copa cyntaf ydi'r Geugraig neu Craig Cau, yna Mynydd Moel, wedyn mae Pen y Gader ei hun, yna'r Cyfrwy a'r Tyrau Mawr yn ymestyn am y môr. Maen nhw'n creu rhyw hanner cylch sy'n cael ei ddisgrifio'n berffaith yn yr englyn hwn gan Wil Ifan:

> . . . A'r hen fynyddoedd, gawr a chawr,
> O'u cylch yn gwmni wedi cwrdd,
> A'u peneliniau ar y bwrdd
> Uwchben eu hoesol broblem fawr.

Cader Idris

Y Mynydd Hwn

Sut i fentro am y copa? Wel, mae 'na rai llwybrau'n haws na'i gilydd, ond does 'na'r un yn hawdd. Minffordd ydi fy ffefryn i: mae'n serth ond mae'n dlws, ac yn mynd â chi heibio Llyn Cau – un o'r golygfeydd godidocaf sydd – ac mae gen i lun gwych ohono gan Wiliam Selwyn ar wal y gegin. Yma y byddai fy nhaid, Llewelyn Evans, a'i gymdogion yn dod i hel defaid o'r mynydd erstalwm. Y llwybr mwyaf poblogaidd ydi'r Pony track – ond Llwybr Pilin Pwn yw'r enw gwreiddiol yn ôl y diweddar Tommy Price a gafodd ei fagu ym Mhen-y-bryn, Cwm Hafod Oer. A Llwybr Madyn ydi'r enw cywir ar y Foxes Path, llwybr hynod serth i fyny sgri diawchedig. Defnyddiwch yr enwau Cymraeg da chi, a rhannwch yr wybodaeth cyn iddi ddiflannu am byth.

Ro'n i'n ferch ysgol y tro cyntaf i mi ddringo'r mynydd. Trip ysgol oedd o a deud y gwir, yn y dyddiau hynny pan fydden ni'n cael ein hannog i werthfawrogi'r hyn oedd ar stepan y drws yn hytrach na chael ein llwytho mewn bwseidiau i Alton Towers. Roedd hi'n ddiwrnod chwilboeth o haf, yr awyr yn ddigwmwl a'r haul yn danbaid. Mi ges i nofio yn Llyn y Gader ar y ffordd yn ôl i lawr Llwybr Madyn ac roedd o'n oer, oer, y dŵr oeraf mewn bod. Cofiaf fod dringo allan ohono'n rhoi'r teimlad o fod wedi cael fy sgwrio'n drwyadl efo past dannedd.

Bûm i fyny droeon wedi hynny, weithiau mewn criw o ffrindiau, weithiau ar fy mhen fy hun. Weithiau yn y glaw, weithiau ar ddiwrnod braf, ond y troeon gorau o ddigon oedd yn yr eira. Mae'n rhaid amseru'r daith yn ofalus ar ddiwrnod oer a byr o aeaf, gan na fyddai'n syniad da gorfod dringo'n ôl i lawr yn y tywyllwch. Rhaid gwisgo a pharatoi'n ofalus hefyd. Er, roedd un o'm cyfeillion wedi 'nghyfarfod ym Minffordd unwaith mewn pâr o foccasins.

Yn ddefodol, mae'r copa mewn niwl trwchus bob tro y byddaf yn cychwyn dringo yn y gaeaf. Ond mae'r Gader yn garedig efo mi bob tro, ac erbyn i mi gyrraedd pen y daith, unai mae'r gwynt wedi hysian y cymylau o'r neilltu, gan adael awyr las a golygfeydd arallfydol o Feirion dan garped o eira llachar, neu mae'n gadael i mi ddringo am filltiroedd drwy len o niwl rhynllyd sy'n rhewi fy ngwallt a blew fy amrannau'n bigau gwynion, cyn agor allan ar y pen uchaf un, a dwi'n codi'n araf efo gwên nes bod fy mhen uwchlaw'r cymylau, ac mae'n odidog: môr ewynnog yn byrlymu oddi tanaf, yn ymestyn am byth at y gorwel, a phegynnau eraill Eryri yn y pellter fel siarcod gwynion yn nofio'n ddisglair yn yr haul. Ar adegau felly, pwy fyddai'n dymuno byw yn unrhyw le arall yn y byd?

Mae'n werth craffu'n ofalus ar yr olygfa o'ch cwmpas: i'r gorllewin, dacw Bwlch yr Oerddrws, lle y cyfarfu penaethiaid Cymru i drafod beth i'w wneud nesaf wedi marwolaeth

Owain Glyndŵr. Mae'n debyg hefyd y cynhaliwyd math o lys gwerinol yma yn rheolaidd, ac mae sôn hefyd y bu yma grocbren. Y tu draw iddo, yn Llanymawddwy, y cafodd y Barwn Owen ei ladd gan Wylliaid Cochion Mawddwy, lladron pen ffordd gwalltgoch, ar Hydref 11eg, 1555. Mae 'na ogof i fyny fan'na yn rhywle o'r enw Ogof y Lladron, ble bydden nhw'n cuddio cyn ymosod. Coblyn o le da i guddio ydi o, achos ddois i byth o hyd iddo fo.

A dyna'r ffordd y deuai'r goets fawr o Lundain, ond byddai'r teithwyr yn gorfod disgyn yng ngwaelod y Bwlch a cherdded yr holl ffordd i fyny, gan gwyno bob cam. Dwi ddim yn eu beio nhw. Ond o leia roedd 'na olygfa fendigedig o'r Gader yn eu disgwyl nhw wedyn.

Yn agosach atom, mae Tir Ystent, lle ganwyd Coch y Fedw, y dyn cryfaf yng Nghymru yn ei gyfnod. Pan oedd chwech o ddynion cryfaf yr ardal wedi methu codi pren mawr yn fantell simdde, llwyddodd y 'Coch' ar ei ben ei hun i'w rhoi yn ei le yn gwbl ddidrafferth; ond dyna fo, maen nhw'n deud iddo fod ar fronnau ei fam hyd nes roedd yn bymtheg oed.

Yn y dyffryn i'r gogledd, mae tref Dolgellau: 'Nid oes ynddi gymaint ag un heol yn werth ei galw felly,' meddai Idris Fychan yn 1872. 'Er myned i ben y bryniau ag sydd o'i hamgylch, ni welir . . . ond twr o dai, fel pe byddent wedi disgyn yn bendramwnwgl o ben Cader Idris.' Heddiw, mae dros 200 o adeiladau'r dre wedi eu rhestru fel rhai o

ddiddordeb hanesyddol neu bensaernïol; does 'na'r un dre arall yng Nghymru efo'r fath nifer.

'Hyd ganol y ddeunawfed ganrif, roedd moesau ac arferion y dref yn bur isel,' meddai Idris Fychan yn 1872. Roedd 'na naw ffair y flwyddyn,

'. . . ac ynddynt ymladd dynion, ceiliogod, rhedeg (merched a dynion). Yr oedd ymladdau o'r natur mwyaf cigyddlyd ynddi, yn enwedig rhwng dynion Llanfachreth a Dolgellau. Nid dau fyddai yn ymladd, ond mob gyda ffyn a cherrig, nes y byddent wedi anafu eu hunain yn friwiau erchyll, gymaint fel y bu aml un farw ar ôl cwffio yn Nolgellau. Clywsom hefyd y byddai yr Offeiriad ac Ynadon Heddwch yn bennaf rhai yn yr ymladdau hyn, ac yn perswadio aml un i ymladd. Roedd y rhan fwya o'r wlad yn ymddwyn fel hyn bryd hynny, ond roedd Dolgellau yn amlwg fel un o'r trefydd gwaethaf.'

Lle mae'r cae criced rŵan, roedden nhw'n arfer ymladd ceiliogod; roedd 'na ymladd yma hefyd rhwng 'hogia dre' a 'hogia Llanfachreth' am flynyddoedd lawer, a hynny oherwydd ffrae rhwng Owensiaid y Llwyn a Huw Nannau Hen. Aeth hi hyd yn oed yn achos llys pan gafodd un o weision y Nannau ei ladd tra oedd yn chwarae *bowls* ar y Marian ym mis Mehefin 1601. Teulu'r Llwyn gafodd y bai ond chafodd neb ei gosbi yn y diwedd. Mi fu'r ddwy ochor yn dal ati i falu eiddo ei gilydd, dwyn gwartheg ei gilydd, a malu pennau ei gilydd am

Cader Idris

flynyddoedd. Mi fyddwch chi'n falch o glywed bod pawb yn ffrindiau eto erbyn heddiw.

Draw i gyfeiriad Llanfachreth mae plasty Nannau – y plas uchaf ym Mhrydain medden nhw. Cafodd yr adeilad gwreiddiol ei losgi gan Owain Glyndŵr wedi i Hywel Sele, ei gefnder, oedd yn byw yn Nannau ar y pryd, geisio lladd Owain. Roedd Hywel wedi esgus anelu at garw gyda'i fwa a saeth, cyn troi'n sydyn at Owain, a saethu ato. Ond yn anffodus i Hywel, byddai Owain wastad yn gwisgo gwisg ddur o dan ei ddillad. Wrth reswm, doedd Owain ddim yn hapus, ac fe drywanodd Hywel Sele'n farw a thaflu ei gorff i dwll mewn coeden gerllaw. Ddeugain mlynedd wedyn y daethpwyd o hyd i'w gorff yn y goeden, a elwid wedyn yn Geubren yr Ellyll.

Cymeriad diddorol arall oedd Llewelyn Goch ab Meurig Hen o Nannau, oedd yn ei flodau rhwng 1330 a 1370. Fo oedd y boi ysgrifennodd am Lleucu Llwyd o Bennal. A deud y gwir, fo oedd y boi roedd hi'n ei garu, dim ond bod ei thad hi ddim yn hoffi'r syniad. Mi ddywedodd hwnnw wrth Lleucu fod Llew wedi priodi hogan arall yn y gobaith y byddai'n

anghofio amdano. Ond doedd o ddim wedi sylweddoli cryfder ei theimladau tuag at Llew. Syrthiodd Lleucu i'r llawr a marw o sioc a siom. Pan glywodd Llew am hyn, ysgrifennodd y farwnad enwog iddi, a hawdd dychmygu ei ddagrau'n troi'r inc yn llanast.

Oes, mae 'na ramant a hanes yn perthyn i'r ardal, ac yn sicr mae 'na ramant yng Nghader Idris, o'i chorun i'w sawdl, o'r golau rhyfedd ar y Geugraig pan fydd yr haul yn taro'r cerrig gwynion yn yr hafn, i lonyddwch perffaith Llynnau Cregennan wrth droed y Tyrrau Mawr.

Mae'r rhamant hwnnw wedi denu'r bobl ryfedda yma dros y canrifoedd. Dywedodd un o'r wardeniaid wrthyf yn ddiweddar iddo gyfarfod hen ŵr hipïaidd yr olwg ar y copa ryw dro. Gofynnodd iddo oedd o'n dod yno'n aml. 'Yes,' meddai hwnnw, 'I've been coming here for two thousand years'. Byddai rhai'n chwerthin o glywed y fath honiad, ond rhywsut, wrth sefyll ar y copa a'r gwynt yn chwyrlïo'r niwl o'ch cwmpas, neu wrth orwedd ar lan Llynnau Cregennan, a'r creigiau duon yn taflu eu cysgod drosoch, mae'n hawdd iawn, iawn credu geiriau'r hen ŵr.

Y Mynydd Hwn

MYNYDD BLORENS
Lois Arnold

Ti yw'r peth cyntaf dwi'n ei weld wrth i mi adael y tŷ: clamp o fynydd llydan, yn llenwi'r awyr tua'r de. Does dim modd dy anwybyddu di. Rwyt ti'n gawr, yn codi'n serth y tu ôl i'r dref, yn tynnu fy llygaid i fyny i'r fan lle y mae dy gopa'n cwrdd â'r nen. Ddoe roeddet ti'n dywyll, yn gwgu o dan gymylau trymion. Ond heddiw rwyt ti'n gwisgo dy liwiau gaeafol mwyaf trawiadol – coch ac oren y rhedyn a'r grug, du'r coed a'r creigiau, ac ambell glwt gwyn lle y mae'r eira'n dal i orwedd ar grib dy wyneb oer, gogleddol.

Dw i ddim wedi arfer byw yng nghwmni cymdogion gwyllt fel ti. Rhesi o dai twt a strydoedd tarmac oedd fy nghynefin i'n blentyn. Ar ein gorwelion ni, roedd blocdyrau gwyn o swyddfeydd a fflatiau. Wrth fynd am dro i'r 'wlad' bydden ni'n cyrraedd, ymhen hir a hwyr, gaeau gwastad, taclus, yn ymestyn yn undonog i'r pellter. Creadigaethau egsotig, rhyfeddol oedd mynyddoedd. Weithiau arferwn dreulio gwyliau yn Eryri, lle y byddwn i'n gwirioni'n lân ar y tirwedd a'r nentydd a'r cerrig a'r glaw, ar bentyrrau llechfaen las, sgleiniog a'r ffermydd gyda'u defaid a'u cŵn du a gwyn, a dotio hefyd ar awyrgylch y pentrefi llwyd lle clywn y bobl yn siarad eu hiaith hudolus, ddieithr. A'r cyfan yn cyffwrdd fy

enaid a gwneud i mi hiraethu am rywbeth nad oeddwn i'n gallu dirnad. Wrth i ni yrru adref ar ddiwedd y gwyliau byddwn i'n penlinio ar sedd gefn y car, gan edrych yn ôl yn hiraethus ar y mynyddoedd a llefain wrth iddyn nhw raddol ddiflannu yn y pellter. Pan ddes i i fyw yn y Fenni gyntaf arferwn edrych arnat ti a'r mynyddoedd eraill o amgylch y dre – y Deri, y Rholben, Mynydd Llanwenarth, Ysgyryd Fawr ac Ysgyryd Fach – a methu credu fy mod i'n cael byw mewn lle mor hardd. Ofnwn y byddai rhywun yn dod ata i unrhyw bryd gan ddweud bod fy ngwyliau drosodd ac na allwn i aros. Ond dw i yma ers saith mlynedd erbyn hyn a does neb wedi dweud ei bod hi'n bryd i mi ei throi hi am adref. Dyma fy nghartref nawr, ac rwyt ti yma yn fy iard gefn, yn dy holl wahanol hwyliau a thymhorau, a'th liwiau cyfnewidiol, bendigedig.

Yr hyn sy'n od amdani yw nad wyt ti ddim hyd yn oed yn ymdebygu i'r math o fynydd sydd fel arfer yn apelio ata i. Copaon creigiog, anghysbell, ysbrydoliaethol sy'n mynd â'm bryd i, nid bryniau addfwyn, llyfn lle mae pobl yn mwynhau cael picnics a mynd â'u cŵn am dro. Ond eto, wedi i mi ymgartrefu mor agos atat, rwyt ti wedi llwyddo i'm swyno, i ennill fy nghalon. Bydda i'n dy weld ben bore, pan mae dy lechweddau dwyreiniol wedi'u goleuo'n feddal, yn binc ac yn oren. Bydda i'n dy weld gyda'r hwyr, pan fydd gwrid y machlud ar dy ystlys yn cael ei wthio'n araf o'r neilltu gan y cysgod trwm sy'n ymledu o'r gorllewin. Gefn nos rwyt ti'n swatio yno fel rhyw fwystfil mawr du, â'i gefn at y nen a'r sêr. Weithiau rwyt ti'n cuddio yn y cymylau am ddyddiau lawer a dwi'n gweld dy eisiau di, ond gwn dy fod ti yno ac y byddi di'n ailymddangos yn dy amser da dy hun, gan edrych yn fwy ac yn harddach nag oeddwn yn gallu cofio. Os ydw i wedi bod i ffwrdd, dy amlinell gyfarwydd di sy'n dweud wrtha i fy mod i bron adre. Rwyt ti wastad yno. Ond eto, bob tro dw i'n ymadael â'r tŷ ac yn edrych i fyny arnat dwi'n teimlo'r un wefr, wrth dy weld yn sefyll yno'n ddigyfnewid dy ffurf ond yn amrywiol dy wisg.

A ninnau'n byw ar stepen dy ddrws, 'dyn ni'n credu ein bod ni'n dy nabod di. 'Ein mynydd ni' wyt ti, yr un sy wedi'i fframio yn ffenestri hanner cartrefi'r dre, yr un 'dyn ni'n ei weld bob tro wrth i ni gerdded o gwmpas y siopau. O strydoedd y Fenni 'dyn ni'n gweld dy wyneb mwyaf perffaith: crwn, cymesur, di-nam. Gallet ti fod yn gadair esmwyth werdd, gawraidd, neu'n glustog anferth y gallwn roi fy mhen i orffwys arni. Dyma'r ochr yr arferai'r meistri haearn ei gweld o'u cartrefi crand, heb orfod edrych ar y gweithfeydd haearn a

glo oedd wedi creithio a hagru dy ochr orllewinol a gwastadedd moel, gwyntog dy gorun. O fan hyn rwyt ti'n fwyn, yn wyrdd ac yn llyfn; yn lle braf i anelu trwyn y car ato ar brynhawn Sul. Ond gwn yn iawn fod i ti gymeriad llawer mwy cymhleth na hynny.

Wrth groesi afon Wysg a chyrchu pentref Llan-ffwyst wrth dy droed dywyll, ogleddol daw dy wir anferthedd i'r amlwg. Mae llwybr yn codi gerllaw'r nant ac yn nadreddu ei ffordd heibio i'r hen eglwys gerrig yn arwain i'r gamlas. Dyma un o dy lefydd cudd. Yma, arferai merlod dynnu cychod llawn haearn a glo yn ôl ac ymlaen i Bont-y-pŵl, Casnewydd ac Aberhonddu. Bellach, crehyrod glas sy'n pysgota'n ddiog lle mae'r coed i'w gweld yn nrych y dyfroedd brown, llonydd. Maen nhw'n dweud bod dwrgwn wedi dechrau meddiannu'r cynefin hwn hefyd. Ac yma y bydda i wastad yn aros yn dawel am ychydig funudau yn y gobaith o weld fflach lachar glas y dorlan yn gwibio heibio.

Mae twnnel cul, tywyll sy'n mynd dan y gamlas yn arwain at goedwig, lle mae ffawydd, derw, cerddin a cheirios duon yn ymestyn eu breichiau tuag at yr awyr fry. Mae'r coed yn llawn trydar adar o bob math: y fronfraith a'r aderyn du, dryw bach a dryw eurben, siff-siaff, teloriaid, partïon o ditwod yn gwibio o goeden i goeden, ac ambell gnocell y coed yn tyllu nerth esgyrn ei phen rywle yn y pellter. Ar ôl dilyn y llwybr serth i

Mynydd Blorens

fyny drwy'r goedwig, mae fy ngwynt yn fy nwrn a 'nghalon yn curo fel drwm yn fy nghlustiau erbyn i mi gyrraedd Cwm Craf. A dw i ddim hyd yn oed hanner ffordd i fyny! Ond wrth droi i'r chwith a cherdded o gwmpas dy ysgwydd mae pant coediog, pert o'm blaen lle mae'n bosibl galw ac yna, aros ennyd, cyn clywed fy llais yn atseinio o ochr draw'r llyn. Dyma un arall o dy gyfrinachau – y llecynnau hyfryd y daw rhywun ar eu traws wrth grwydro'n hamddenol, gan edrych a gwrando a breuddwydio.

Wedi cyrraedd dy gopa mae'r byd cyfan i'w weld. Dacw Ben y Fal a'i griw, a'u henwau fel cerdd: Pen Gwyllt Meirch a Phen Twyn Mawr, Pen Cerrig Calch a Phen y Gadair Fawr, Mynydd Troed a Mynydd y Llysiau, Bryn Arw a Mynydd y Gadair. I'r gorllewin mae mynyddoedd Llangatwg a Llangynidr yn arwain draw i'r Bannau, lle y mae copaon gosgeiddig Pen y Fan a Chorn Du'n ymddangos fel rhyw olygfa alpaidd ar y gorwel. Islaw mae afon Wysg yn ymdroelli'n araf drwy'r cwm llydan. I'r dwyrain, mae gwastadedd gwyrdd yn ymestyn tua'r ffin â Lloegr, a bryniau hynafol y Moelfryn yn laslwyd yn y pellter. I'r de mae Blaenafon, yna'r esgair hir yn disgyn tua Phont-y-pŵl, ac wedyn Casnewydd a fflach o oleuni ar ewin o fôr. Ar ddiwrnod clir mae'n bosibl gweld Gwlad yr Haf yr ochr draw i Fôr Hafren ac oddi yno 'slawer dydd yr hwyliai pobl draw i Gymru er mwyn ennill bywoliaeth yn y gweithfeydd haearn a glo. Ac weithiau, lan fan'ma ar dy gopa, dwi'n siŵr fy mod i'n gallu clywed hyd yn oed oglau'r môr, wrth i holl sawrau meddwol grug a rhedyn, carreg, dŵr a mawn gael eu gwasgu i'm ffroenau gan y gwynt.

Wrth gwrs, mae ffordd hawdd o gyrraedd fan hyn, os dyna'ch dymuniad. Ond dw i wastad wedi teimlo nad yw hi'n iawn i bobl allu gyrru i fyny llechweddau unrhyw fynydd yn eu ceir. Dylen ni i gyd ddangos mwy o barch na hynny. Oni ddylen ni orfod chwysu tipyn cyn mwynhau'r fraint o gael bod yma, mor agos at y nen, a chael dianc rhag y byd a'i bethau? Tybed a oes ots 'da ti amdanyn nhw – y ceir sy'n cropian i fyny dy ystlys fel pryfed ar groen eliffant? Taset ti ond yn rhoi un plwc mawr gallet ti eu sgubo nhw ymaith, a pheri iddyn nhw syrthio'n bendramwnwgl i lawr y llethrau i'r dyffryn islaw. Eto i gyd, 'waeth i mi heb na chyfaddef fy mod innau wedi cymryd y ffordd hwylusaf weithiau, yn enwedig ar yr adegau hynny pan o'n i'n dyheu am deimlo'r gwynt yn chwipio fy wyneb a gweld y byd yn bell oddi tanaf. Er hynny, bydda i wastad yn teimlo fy mod i'n twyllo wrth ddod yma yn fy nghar ac, wedi i mi ei barcio, fe'm caf fy hun yn brysio i ffwrdd, fel pe na bai'r cerbyd ddim byd i wneud â fi. Ond o fewn eiliadau rwyt ti'n dechrau bwrw dy hud arna i unwaith eto: dyma ddyfroedd tawel, gloyw Pwll Pen Ffordd-goch; dyna lwybrau troellog y defaid yn arwain drwy'r grug; ac uwch fy

Mynydd Blorens

mhen yr awyr lydan a'r cymylau'n rhuthro heibio, a neb yma ond ti a fi. Neb i darfu ar wylltineb, unigrwydd a thawelwch hudol y fangre.

Doedd hi ddim wastad mor dawel ac unig yma. Wrth gerdded yr hen dramffyrdd sy'n cris-croesi dy ben a'th ystlysau bydda i'n meddwl am y bobl a ddaeth yma i fanteisio ar dy drysorau a'u rhwygo o'r tir: haearn, glo, calchfaen, tywod, coed. Mae olion bywydau pobl y gorffennol i'w gweld ym mhobman. Dyma adfeilion eu tai a'u gerddi a fan acw mae un o'r waliau trwchus a godwyd ganddynt i gynnal y tramffyrdd sy'n dal i sefyll mor gadarn ag erioed ddwy ganrif yn ddiweddarach. Ar ddiwrnod niwlog galla i ymdeimlo â phresenoldeb eu hysbrydion: y cannoedd o ddynion, menywod a phlant a oedd yn byw ac yn llafurio – ac yn marw – yma, yn nannedd y gwynt a'r glaw. Dyma olion y pedair ffwrnais fawr a'r pyllau a'r sianeli oedd yn casglu dŵr i yrru'r olwynion a'r meginau. Dyna fynedfa'r twnnel a gloddiwyd ganddyn nhw â'u dwylo er mwyn cludo mwyn haearn yr holl ffordd i Flaenafon. Mae'n amlwg y bu'r lle hwn yn dwrw ac yn fwrlwm i gyd: peiriannau'n rhuo a dyrnu a gwichian, pobl yn gweiddi, carnau'r merlod yn pystylad y llawr wrth iddyn nhw dynnu'r tramiau trystiog trwm ar draws y mynydd. A phopeth yn ddu a llwyd – glo a charreg galch a llwch a slag a stêm – heblaw am fflamiau llachar y ffwrneisi. Ond heddiw

mae'n dawel. Dim ond brefiadau'r defaid, crawc y cigfrain a chaniadau mwy soniarus y grugiar goch, pibydd y waun ac ambell ehedydd, os dw i'n lwcus, sydd i'w clywed. Yn raddol mae gwyrddni wedi dod yn ôl i guddio dy greithiau. Mae grug ac eithin yn blodeuo'n binc ac yn felyn, ac mae gweision y neidr yn gwibio'n llachar ar draws y pyllau llonydd. A lan fry ar wyneb yr hen chwarel galchfaen mae hebogiaid tramor yn nythu. Yma hefyd mae merlod yn pori o gwmpas adfeilion yr hen weithfeydd. Ond mae'r bobl a fu'n eu cynnal wedi hen gilio.

Ond beth yw'r ots 'da ti am hyn i gyd? Rwyt ti'n mesur dy oes mewn cannoedd ar filiynau o flynyddoedd, tra bod ein hoes ni drosodd mewn amrantiad. Roeddet ti yma pan oedd gwyntoedd yr anialwch yn chwythu ar dy draws. Am gyfnod, buest yn gorwedd dan ddyfroedd môr trofannol, bas. Yma yr oeddet pan oedd yr iâ'n cerfio'r cymoedd cyfagos a chwilfriwio'r creigiau'n llwch o'th gwmpas. Ar un adeg roedd bleiddiaid ac eirth yn byw yn dy fforestydd. Yn ddiweddarach, roedd yr hinsawdd mor fwyn fel bod modd i bobl fyw a thyfu cnydau ar dy gopa. Roeddet ti yma pan oedd garsiwn y Rhufeiniaid wedi ymsefydlu ar bwys yr afon islaw ac roeddet yn craffu ar y castell ar y dydd Nadolig hwnnw pan dwyllwyd saith deg o uchelwyr Cymreig di-arf a'u llofruddio gan yr arglwydd Normanaidd. Yma hefyd yr oeddet pan ddaeth

Mynydd Blorens

Y Mynydd Hwn

gwrthryfelwyr Owain Glyndŵr i osod y dref dan warchae. Ac yma y byddi di pan fyddwn ni i gyd wedi hen ymadael â'r ddaear, ac y bydd y byd roedden ni'n ei adnabod wedi newid y tu hwnt i'n hadnabyddiaeth.

A dyma dy gyfrinach arall di. Mae hynafiaeth dy greigiau a chadernid urddasol dy bryd a'th wedd yn gwneud i mi a'm bywyd a'm pryderon ymddangos yn bitw a dibwys. Ac eto, rywsut, mae fy nghalon yn codi. Oherwydd yn dy bresenoldeb dwi'n teimlo fy mod innau hefyd yn rhan annatod o'r wlad odidog hon ac o hanes rhyfeddol y greadigaeth.

Y Mynydd Hwn

CEFN DU
Llion Iwan

Cyfrinach orau Eryri ydi corrach bach dinod o fynydd o'i gymharu â'i chwiorydd enwog a hardd. (Rydan ni'n hen ffrindia, felly mi wnaiff faddau imi am sôn amdano fel hyn.) Ar yr olwg gyntaf nid ydyw'n haeddu eiliad o'ch sylw, ond peidiwch â chymryd eich twyllo a rhuthro heibio.

Er ei fod mor ddinod, mae wedi llwyddo i'm swyno ers blynyddoedd, ac nid yw'r cariad wedi pylu wrth imi dyfu a threulio mwy a mwy o amser oddi cartref gan gerdded a dringo mynyddoedd bendigedig mewn gwledydd pell.

Wrth eistedd i ysgrifennu hwn un pnawn Sul oer, ceisiais ddeall unwaith eto beth sydd mor arbennig am fynyddoedd? Beth yn union sy'n denu pobl i gerdded, dringo a syllu ar fynydd er garwed y tywydd ar adegau? Pam fod cymaint ohonom yn treulio amser hamdden yn chwysu a stryffaglio o gopa i gopa?

I mi mae gan bob mynydd ei bersonoliaeth unigryw ei hun, ond dwi byth yn siŵr ai benywaidd ynteu gwrywaidd ydyn nhw! Gair gwrywaidd yw 'mynydd' yn Gymraeg, ond dyw hi ddim mor hawdd â hynny. Dyna i chi'r uchaf un, sef Chomolungma – neu Everest, i roi ei enw cyffredin iddi – sy'n pontio'r ffin rhwng Tibet a Nepal. Mam-dduwies y ddaear ydi

ystyr ei henw i'r trigolion lleol, ac fel chwiorydd iddi y byddwn yn cymharu'r mynyddoedd eraill i gyd. Ond sut rai ydi'r personoliaethau hyn? Hyd yn oed ar ddiwrnod braf bydd llethrau'r mynyddoedd yn sugno cymylau o rywle i orchuddio'r copa. Gall y cymylau hyn chwyrlïo'n orffwyll gan ddod â gwyntoedd cryfion a glaw yn eu sgil, neu efallai na fyddan nhw'n gwneud dim mwy na gorffwys yn ddiog ar y copa. Y rhain wedyn sy'n rhoi prawf gweledol o'r bersonoliaeth yma.

Fel arfer bydd llethrau'r mynydd yn brawychu, yn swyno neu'n synnu. Ar ddiwrnod clir yn y gaeaf bydd eira'n drwm ar lethrau'r Wyddfa a Thryfan gyda'r cerrig du bygythiol yn ymwthio yma ac acw trwy'r garthen wen i'n hatgoffa o'r peryglon oddi tano tra, yn yr haf, bydd y golau cynnes yn gwneud i'r daith i'r copa edrych yn bleserus. Yn y bôn credaf fod pobl yn mwynhau'r her o osod nod, o geisio cyrraedd pen y daith. A dyna pam fod Cefn Du mor arbennig, oherwydd mae'r copa o fewn cyrraedd pawb, bron.

Fe'i lleolir uwchben fy mhentref genedigol, Waunfawr, bedair milltir o Gaernarfon, er bod y llethrau'n ymestyn draw at Ceunant, a thu ôl iddo mae Llanberis. I mi, mae fel pe bai'n gwarchod y mynediad i Eryri i'r rhai sy'n teithio o Sir Fôn neu ar hyd yr arfordir o'r gorllewin.

Cris-croesa hen waliau cerrig ei lethrau gan ymestyn fel gwythiennau ar ei hyd gyda phytiau o wyrddni yma ac acw. Mae'r rheiny fel petaen nhw ar fin cael eu mygu gan y llwyni eithin ystyfnig sy'n mynnu blaguro'n ddi-ffael bob gwanwyn er gwaetha cael eu llosgi'n flynyddol. Pan fydd y llosgi yn ei anterth bydd colofnau o fwg i'w gweld am filltiroedd yn codi oddi ar y mynydd bychan hwn yn arwydd fod yr haf ar ddod.

O edrych arno o'r arfordir nid yw'n fynydd trawiadol o bell ffordd gan fod ei amlinell yn ymestyn yn hir a gwastad: mae wedi'i siapio fel torth hir, eitha tebyg i *baguette* hyd yn oed. Nid yw'n bosibl chwaith gweld yn union ble mae'r gwir gopa, a hyd yn oed wrth gerdded ar y mynydd nid yw'n hawdd penderfynu pa un o'r myrdd copaon bychan yw'r uchaf. Ond dyna ran o'i apêl, a chan nad yw'n arbennig o serth, gellwch ei grwydro droeon ac ni fydd yr un daith fyth yr un fath ddwy waith.

Credaf fod Cefn Du hefyd yn unigryw ymysg mynyddoedd Cymru oherwydd y golygfeydd y gallwch eu mwynhau o'r copa a'r llethrau – ac un ffaith fach arall. Hwn ydi un o'r ychydig fynyddoedd yn Eryri y gall pawb, o ba bynnag oed a beth bynnag eu gallu i ddringo a cherdded, ei fwynhau. A gall pawb fynd yn eithaf agos i'r copa hefyd, er nad oes trên bach stêm yma.

I'r chwarelwyr mae'r diolch am hynny. Mae hen ffordd un trac yn nadreddu ar hyd ochr Cefn Du i'r chwarel sydd wedi hen gau. Felly gellir gyrru ar ei hyd yn eithaf agos i'r copa. (Dwi'n derbyn y gallwch ddal y trên bach i gopa'r Wyddfa, ond tydi hynny ddim yr un peth. Rhaid sefyll mewn rhes i gael lle ar hwnnw a rhannu'ch taith i ben y mynydd gyda deg ar hugain neu fwy o bobl eraill.)

Ond gan fod Cefn Du yn gyfrinach o fath – o leia hyd heddiw – does fawr o berygl dod ar draws torfeydd yno. Llwydda'r enw hefyd i'w warchod. Enw cyffredin ydi Cefn Du o'i gymharu â Chrib Goch, Moel Hebog neu Grib y Ddysgl. Dyna i chi enwau ar lethrau a mynyddoedd ymysg y godidocaf yng Nghymru, ac enwau sy'n codi ofn ar ddyddiau pan fo'r stormydd yn ymgasglu ar y gorwel draw dros y môr. Nid felly Cefn Du di-nod.

Felly pam yn y byd yr ydw i'n rhannu'r gyfrinach ac yn gwahodd mwy o gerddwyr ac ymwelwyr i ddod i'r fan? Mi dreuliais ddyddiau lawer ar y llethrau hyn yn blentyn, yn cerdded, yn hela (heb na chŵn na gwn, gyda llaw) neu'n ymarfer ar gyfer rhedeg rasys mynydd, a rhan o'r mwynhad oedd mai prin iawn oedd cerddwyr eraill. Ond y rheswm dros rannu'r gyfrinach ydi mod i'n credu y dylid rhannu'r copa arbennig hwn a'r golygfeydd a welir ohono; ac wir mae'r rhain, yn wahanol i'r rhelyw o fynyddoedd bron, o fewn cyrraedd pawb.

Y Mynydd Hwn

Does dim rhaid i fynydd fod yn arbennig o uchel nac yn beryglus iddo fedru dwyn eich gwynt. Llwydda Cefn Du i wneud hynny imi hyd heddiw. Gadewch inni fynd am dro ar hyd ei lethrau imi gael egluro beth sydd wedi fy swyno am dros ugain mlynedd.

O'r copa ar ddiwrnod clir gellir mwynhau a meddwi ar un o olygfeydd godidocaf a mwyaf unigryw Eryri gyfan, ac yma y lleolwyd rhai o chwedlau'r Mabinogion, a straeon cyfoethog lleol am dylwyth teg.

Gan mai codi'n raddol a wna llethrau Cefn Du i uchder o ddim ond 441 metr, mae wedi llwyddo ar hyd y blynyddoedd i gadw ei gyfrinach oddi wrth ymwelwyr a cherddwyr prysur. Twyllir y rheiny i ruthro ymlaen at gopaon uchaf Eryri, sydd o fewn ychydig filltiroedd.

Hen lwybr y chwarelwyr, wedi'i darmacio erbyn heddiw, ydi'r lôn yr ydym yn teithio ar ei hyd. O yrru'n ofalus heibio'r bythynnod mae'n bosib i'r diocaf yn ein plith ei ddilyn ar ei hyd gan ddringo'n uchel cyn parcio ar ysgwydd y mynydd a mwynhau'r olygfa. A dyma beth ydi gwledd i'r llygaid.

O wynebu'r môr i'r chwith fe welwch draw at Ben Llŷn, gyda'r Eifl, neu'r Tair Chwaer, yn gwarchod y llwybr. I'r rhai a chanddynt lygaid craff mae'n bosib gweld traeth Dinas Dinlle ac, o ddilyn yr arfordir draw at Gaernarfon, gwelwch y castell yn gorryn o'r fan yma. Draw yn Sir Fôn gwelaf draeth Llanddwyn a Mynydd Parys y tu ôl iddo yn y pellter, gyda'r Fenai'n disgleirio yn yr haul rhwng yr ynys a'r tir mawr.

Tu ôl ichi, dros eich ysgwydd chwith, mae Moel Eilio, gyda thyllau mwynwyr yn glwyfau agored ar ei ystlys. Yn llechu y tu ôl iddo yntau mae'r Wyddfa. Ar draws y dyffryn mae'r Mynydd Du – neu Fynydd Eliffant i bobl yr ardal. Gallwch weld ar hyd y dyffryn draw tua Beddgelert gydag Allt Maenderyn a'r Aran fel mur fydd yn denu'r eira, a phelydrau'r haul wrth iddo fachlud yn y gaeaf.

Oddi ar lethrau Moel Eilio bellach bydd anturwyr yn hedfan paragleidars amryliw pryd bynnag y bydd y cymylau'n cilio a'r gwynt yn gostegu rhywfaint. Cerddant fel malwod yn bwyllog ofalus i fyny'r llethr cyn rhedeg yn orffwyll yn ôl i lawr, er mwyn medru hedfan fel ieir bach yr haf am ryw hyd.

Cefn Du ddewisodd y dyfeisiwr a'r gwyddonydd Marconi, naw deg mlynedd yn ôl, i anfon ei signal radio cyntaf draw i America. Mae'r ganolfan yn dal yno heddiw, ond mae'n gartref i ddringwyr yn perffeithio'u sgiliau ar y wal ymarfer sydd yn yr adeilad erbyn hyn.

Mae'r mynydd yn frith o lwybrau ceffylau, gyda defaid yn pori'n ddiog yma ac acw a hen chwarel, tomenni llechi ac offer yn rhydu yn tystio i'r gweithgarwch fu ar ei lethrau am flynyddoedd.

Mae'r tyllau chwareli'n rhai dwfn iawn yma a hynny, yn anffodus, yn denu pobl ddiog i adael ysbwriel – fel hen soffa, ffridj neu beiriant torri gwair – yma ac acw, a gwelir olion y myrdd o danau sy'n cael eu cynnau yma gan wersyllwyr. Rhywsut mae hyn yn ychwanegu at gymeriad y mynydd, a dim ond mewn un rhan fach ohono y gwelir yr hagrwch hwn, felly peidiwch â chael eich siomi.

Grug ystyfnig sy'n gorchuddio'r rhan fwyaf o Gefn Du, ond mae waliau cerrig yma ac acw yn ffinio tiroedd ffermwyr lleol, a bydd y rheiny'n gadael i'w defaid grwydro'r llethrau agored i grafu am laswellt i'w fwyta.

Chwyddodd prisiau'r hen ddyddynnod sydd ar ei lethrau, fel pob cartref arall yn yr ardal, dros y blynyddoedd diwethaf. Mae yma fwthyn un ystafell wely, fu'n gartref i deulu cyfan brin genhedlaeth neu ddwy yn ôl. Mae'r prisiau wedi neidio o £50,000 i £170,000 mewn pedair blynedd. Dyna i chi un enghraifft yn unig o wallgofrwydd y farchnad dai yn yr ardal hon.

Ond diolch byth mae'n hawdd anghofio hynny i gyd wrth fwynhau'r distawrwydd a chrwydro'r llethrau. Mae hanes cyfoethog yma, a'r safle amddiffynnol naturiol wedi denu pobl ar hyd yr oesoedd. Gellir gweld olion hen gytiau cerrig yn britho'r llethrau isaf, yn tystio i boblogrwydd y safle yn yr oesoedd cynhanesyddol. Draw ar yr ochr arall mae pentref Llanberis, a'r hen ffordd yn arwain o Waunfawr iddi dros lethrau Cefn Du.

Codi'n raddol a wna ei llethrau sydd yn gwneud y dasg o gyrraedd y gwir gopa o fewn cyrraedd pawb. A welwch chi fyth y torfeydd fydd yn heidio i'r Wyddfa yma, waeth pa mor braf ydi hi.

Os cerddwch tua'r gogledd, gydag Ynys Môn ar yr ochr chwith i chi, fe welwch draw tuag at Fangor a Llandudno a'r Gogarth Fawr, sy'n ymdebygu i ynys o fan hyn. Nid wyf erioed wedi gweld Iwerddon oddi ar y llethrau, ond rwy'n siŵr ei bod yn bosib craffu am Fryniau Wicklow, wrth fwynhau'r olygfa a synfyfyrio ar ddiwrnod clir.

Felly, o'r dyffryn islaw edrycha'n ddigon cyffredin, ond ceisio eich twyllo a wna. Daliwch i ddringo, trwy'r Groeslon a dros y giât wartheg wrth i'r ffordd gulhau a chodi'n serth. (Bydd cannoedd o redwyr yn dioddef yma bob Hydref yn marathon Eryri.)

Cefn Du

Y Mynydd Hwn

Dyna wledd o olygfa felly yn eich disgwyl, ar droed, ar gefn ceffyl, ar feic neu mewn car. Lle arbennig wnaeth hudo pobl i fyw yma dros fil o flynyddoedd yn ôl.

Cefn Du, y copa y gallwn i gyd ei fwynhau. Ond dyna ddigon o siarad. Manteisiwch ar y cyfle i weld drosoch eich hun. Roedd yn hawdd imi ddewis Cefn Du ac rydych chi nawr yn barod i wledda a mwynhau'r gyfrinach. Ond cofiwch chi ei rhannu hefyd.

Cefn Du

Y Mynydd Hwn

DINAS BRÂN, LLANGOLLEN
Elin Llwyd Morgan

Saif gweddillion castell Dinas Brân uwchben tref ryngwladol enwog Llangollen ac afon Dyfrdwy, yn dirnod trawiadol sy'n dal sylw teithwyr ar hyd ffordd yr A5 – neu'r Lôn Bost, chwedl pobol Sir Fôn – sy'n rhedeg trwy'r dyffryn.

Dwn i ddim yn iawn sut i ddisgrifio Dinas Brân, gan ei fod yn fwy na bryn cyffredin ac eto'n dipyn llai na mynydd. Mae'n fy atgoffa o'r ffilm honno – *The Man Who Went Up a Hill But Came Down a Mountain* – dim ond fod y gwrthwyneb yn wir yn yr achos yma, gan fod dringo i gopa Dinas Brân yn dipyn anoddach na mynd i lawr yr ochr arall!

Mae'n debyg mai 'bryngaer' ydi'r gair sy'n ei gyfleu orau – *hill-fort* yn Saesneg – ac ar safle'r fryngaer yma, sy'n dyddio'n ôl i Oes yr Haearn, y codwyd Castell Dinas Brân yn y drydedd ganrif ar ddeg. Erbyn hyn y mae'n gofadail hynafol rhestredig.

Mae'r sôn cyntaf am y castell yn ymddangos mewn dogfennau hanesyddol o'r ddeuddegfed ganrif fel rhan o destun canoloesol o'r enw 'Fouke le Fitz Waryn' neu 'Chwedl Fulk Fitzwarine'. Yn y chwedl hon, honnir fod y castell – 'Chastiel Bran' – yn adfail mor gynnar â 1073, ond efallai mai castell pren Normanaidd oedd hwnnw. Yn sicr, roedd gan y

bryn werth strategol ymhell cyn i dywysogion Powys, neu'r Normaniaid, fentro i'r ardal. Mae'n ddiddorol nodi fod y gair 'Dinas' yn tarddu o Oes yr Haearn hefyd, ac yn ymddangos mewn enwau bryngaerydd eraill ledled Cymru.

Er bod gweddillion y castell yn dyddio'n ôl i'r Canol Oesoedd, credir fod y fryngaer hynafol y codwyd ef arni yn arfer bod yn gartref i Frenhinoedd Powys yn yr wythfed ganrif. Ceir sôn hefyd fod y bryn wedi'i feddiannu gan ŵr o'r enw Eliseg yn y ganrif honno, sef yr un Eliseg a roddodd ei enw i golofn hynafol a saif i'r gogledd o Abaty Glyn y Groes ger Llangollen.

Mae'n debyg i Gastell Dinas Brân gael ei adeiladu gan Gruffydd Maelor II, mab Madog ab Gruffydd Maelor I, a ddechreuodd godi'r castell yn y 1260au hwyr. (Madog a sylfaenodd Abaty Glyn y Groes, lle claddwyd y ddau ddyn.) Yn fuan wedyn, yn 1277, cafwyd gwarchae ar y castell gan Henry de Lacy, Iarll Lincoln, ac fe'i llosgwyd bron i'r llawr.

Hyd yn oed ar ôl i'r castell gael ei ddifa ganddo, gwnaeth lleoliad anial ac urddasol Dinas Brân gryn argraff ar Henry de Lacy, a awgrymodd y dylai'r brenin ei atgyweirio. Gan fod y meini allanol yn dal yn eu lle, dywedodd de Lacy y gallai'r

Saeson ddefnyddio'r castell yn eu brwydrau yn erbyn y Cymry. Ond ni wrandawodd Edward I arno, ac mae Dinas Brân wedi bod yn adfail byth ers hynny.

Roedd yn gastell nodweddiadol Gymreig, yn syml o ran cynllun, gyda muriau cerrig yn dilyn amlinellau'r bryn. Ond ni chafodd y Cymry lawer o lwyddiant yno. Gadawyd y castell a thiroedd Maelor i John de Warenne, Iarll Surrey. Ond roedd gan hwnnw fwy o ddiddordeb mewn atgyfnerthu ei ystadau yn Holt ger Wrecsam nag mewn atgyweirio castell Cymreig oedd yn mynd â'i ben iddo.

Hawliwyd y safle gan Dafydd ap Gruffydd, brawd Llywelyn ein Llyw Olaf, yn 1282, yn ystod ail gyrch Edward I ar Gymru, ond cafodd ei garcharu gan y Saeson a'i ddienyddio yn Lloegr.

Roedd Dinas Brân yn dal i gael ei ystyried yn fan o werth strategol yn y bymthegfed ganrif. Tra oedd ym meddiant Thomas Fitzalan, Iarll Arundel, ceisiodd Owain Glyndŵr gipio'r safle yn 1402, ond yn ofer. Yn ystod teyrnasiad Harri'r Wythfed, disgrifiwyd Dinas Brân fel adfail llwyr gan John Leland, croniclwr y brenin, a nododd mai'r unig fod byw oedd yn fodlon byw yng ngweddillion y castell oedd yr eryr, a ddychwelai yno bob blwyddyn i epilio.

Er fy mod i'n byw yn weddol agos at Ddinas Brân, dim ond teirgwaith yr ydw i wedi cerdded i fyny'r bryn (teirgwaith yn fwy nag yr ydw i wedi cerdded i ben yr Wyddfa serch hynny, er mawr cywilydd i mi!). Mae'n debyg fod hynny'n rhannol am nad ydw i'n un sy'n mwynhau dringo elltydd, bryniau serth a mynyddoedd. Nid am fod fy nghoesau i'n debygol o nogio – mae gen i goesau '*midfielder*' cryf yn ôl Peris fy nghymar, sy'n dweud y byddai coesau o'r fath wedi bod o fudd mawr iddo fo wrth chwarae pêl-droed! Mi fedra i gerdded ar dirwedd gweddol wastad am filltiroedd maith, ond wrth ddringo unrhyw lethr mi fydda i'n mynd allan o wynt ac yn dechrau chwythu fel hen fegin.

Y tro cyntaf i mi fynd i fyny Dinas Brân, roedd hi'n ddiwrnod braf, a minnau'n llusgo 'nhraed tu ôl i Peris a'n mab Joel, a hwnnw – er nad oedd o ond tua thair neu bedair oed ar y pryd – yn rhedeg i fyny o'n blaenau mor heini â gafr fynydd.

Yr eildro, roeddwn i efo criw o ferched sy'n mynd i gerdded bob nos Lun yn ystod misoedd y gwanwyn a'r haf (i'r *gym* fyddan ni'n mynd yn y gaeaf), gan gychwyn o Greigiau Eglwyseg. Clogwyni calchfaen hynod ydi'r rhain sy'n ffurfio rhan o Ddyffryn Eglwyseg ac yn rhedeg pum milltir i'r gogledd o Langollen draw i World's End (nid oes enw Cymraeg arno hyd y gwn i).

Cafodd y clogwyni eu cloddio am ganrifoedd ar gyfer cerrig adeiladu ac fel ffynhonnell o galch. Gyrrodd sawl chwarel

Dinas Brân

Y Mynydd Hwn

blwm geuffyrdd yn syth i mewn i'r clogwyni, a gellir gweld gweddillion y ddau ddiwydiant hyd heddiw.

Erbyn i ni gyrraedd ochor ogleddol Dinas Brân roedd hi wedi dechrau pigo bwrw, er ei bod hi'n dal yn glòs a minnau'n chwys laddar tu mewn i'm côt law. Dyma fustachu a thuchan tu ôl i'r lleill felly – fi a cherddwraig arall oedd bob amser yn 'bringing up the rear' – a'r ddwy ohonom yn stopio'n aml i gael ein gwynt atom, gan esgus edmygu'r olygfa.

Ond ar ôl cyrraedd y copa, roeddwn i'n falch fy mod i wedi gwneud yr ymdrech gan fod y golygfeydd o'r wlad o amgylch mor ysgubol. Ac i rywun sy'n byw yn nyffryn cul Glyn Ceiriog, mae'n debyg fod yna wefr ychwanegol mewn medru gweld am filltiroedd ar filltiroedd o gwmpas.

Y trydydd o Ionawr eleni oedd y trydydd tro i mi fynd i fyny Dinas Brân, efo Peris a Joel eto, ond y tro yma o'r ochor ddeheuol. Dyma adael y car ym maes parcio Ysgol Dinas Brân a dilyn y llwybr i fyny, a hwnnw'n dipyn hirach a mwy serth nag yr oeddwn i'n ei gofio – oherwydd mai cerdded i lawr y llwybr wnes i o'r blaen, mae'n debyg!

Roedd yna lot fawr o bobol eraill yn mynd i fyny ac i lawr y diwrnod hwnnw hefyd, mewn ymgais i gadw'n heini ar ôl bwyta a diogi gormod dros y Dolig o bosib. Roedd hi'n ddiwrnod braf ond oer, a'r gwynt cryf yn chwipio'n fain o

amgylch ein clustiau ymhell cyn i ni gyrraedd y copa. Ac oeddwn, roeddwn i'n stryffaglu eto, a Joel hefyd y tro yma, er mai diffyg amynedd oedd yn peri iddo fo lusgo'i draed a swnian yn hytrach na diffyg pwff.

Ond dyma gyrraedd y copa mewn llai o amser na'r amcangyfrif o 25 munud a nodir ar yr hysbysfwrdd wrth droed y bryn, a rhyfeddu eto at y golygfeydd trawiadol i bob cyfeiriad. Dyffryn a thref Llangollen islaw; Mynyddoedd y Berwyn a bryniau a phantiau gwyrddion Glyn Dyfrdwy i'r dde; Pont Ddŵr drawiadol Froncysyllte i'r chwith a Thraphont Williamson tu hwnt i honno, a Gwastadeddau Swydd Amwythig yn y pellter.

Mae'r castell wedi'i leoli ar blatfform petryal hir a allai fod wedi'i lefelu yn artiffisial, ac wedi'i amddiffyn gan ffos ddofn a naddwyd o'r graig. Mae'r llethrau'n serth ar bob ochr ond yn enwedig i'r gogledd efo'i greigiau a'i glogwyni. Roedd gormod o ofn arna i i fynd yn rhy agos at yr ymyl ar yr ochor ogleddol, yn enwedig gan fod y gwynt mor ffyrnig y diwrnod hwnnw, ond edmygais Greigiau ysblennydd Eglwyseg o bellter diogel.

Mae gan y fryngaer un clawdd a ffos yn amgáu ardal o tua 1.5 erw. Mae'r fynedfa yn y gornel dde-orllewinol wedi'i hamddiffyn gan glawdd sy'n troi at i mewn. Ceir yr amddiffynfeydd uchaf i'r de a'r gorllewin, hyd at wyth metr mewn mannau. I'r gogledd, mae'r gaer wedi'i hamddiffyn gan serthrwydd naturiol y tir.

Ym muarth y castell, mae'r prif adeiladau wedi'u gosod ar hyd yr ochor ddwyreiniol a thŵr wedi'i godi ran o'r ffordd ar hyd y cysylltfur deheuol. Y tŵr yw'r rhan fwyaf trawiadol o'r gweddillion sy'n dal i sefyll. I'r dwyrain o'r tŵr, mae gweddillion adeilad mawr hirsgwar efo ffenestri yn edrych allan i'r de, a allasai fod wedi bod yn neuadd neu gapel.

Mae'r gorthwr (*keep* yn Saesneg) yn adeilad mawr sgwâr wedi'i osod yn ne-ddwyrain y castell, a mynedfa wreiddiol y gorthwr ar yr ochor orllewinol lle gellir gweld gweddillion grisiau. Saif y porthdy yn y gornel ogledd-ddwyreiniol, gyda thyrau crwn o boptu iddo.

Ceir sawl chwedl sy'n gysylltiedig â Dinas Brân, ond mae'n debyg mai'r stori fwyaf iasol yw'r un am lofruddiaeth dau fab Madog ab Gruffydd. Ar ôl i Madog farw, fe adawyd y ddau fachgen ifanc heb ymddiriedolwyr. Penodwyd John de Warenne, Iarll Surrey (y soniwyd amdano eisoes) a Roger Mortimer o Wigmore fel garchodwyr iddynt, ond cynllwyniodd y ddau i gael eu bachau ar y cyfoeth y byddai'r bechgyn yn ei etifeddu pan fydden nhw'n dod i oedran.

Un noson fe aeth Warenne a Mortimer â'r bechgyn ar gefn ceffyl o Gaer i Ddinas Brân, ac wrth iddynt groesi Pont Holt ger Wrecsam, fe dynnon nhw'r bechgyn oddi ar eu meirch tra oedden nhw'n cysgu a'u taflu dros y canllaw i ddyfroedd rhewllyd afon Dyfrdwy. Deffrodd y bechgyn a sgrechian mewn arswyd, gan erfyn am gael eu hachub, ond y cyfan a wnaeth y ddau arglwydd creulon oedd sefyll yno'n eu gwylio'n boddi.

O ganlyniad, ystyrir Pont Holt yn un o bontydd bwgan Cymru, gan fod yna bobol sy'n dal i honni eu bod wedi clywed sgrechfeydd iasol y bechgyn wrth iddyn nhw groesi'r bont ar ôl iddi nosi!

Fel sawl lle arall, mae yna chwedl sy'n cysylltu Dinas Brân â'r Greal Sanctaidd. Yn ôl y chwedl, daethpwyd â'r Greal i Brydain gan Joseff o Arimathea ac ar ôl iddo ef farw cafodd ei warchod gan ei fab Joseffus, yna ar ôl marwolaeth hwnnw gan ei nai Alain le Gros.

Ar ôl blynyddoedd lawer, daeth Alain i wlad a reolwyd gan frenin oedd yn dioddef o'r gwahanglwyf. Gyda chymorth y Greal fe wellodd Alain y brenin. Er mwyn talu'r gymwynas yn ôl, cynigiodd y brenin godi castell cadarn ar ben bryn a edrychai dros afon a lifai'n gyflym, fel lle diogel i gadw'r Greal ynddo. Unwaith i'r castell gael ei gwblhau, ymddangosodd ysgrifen wyrthiol ar y prif gatiau yn dweud fod yn rhaid i'r castell gael ei alw'n '*Corbenic*'.

Mae'r cysylltiad rhwng Castell y Greal a Dinas Brân i'w ganfod yn yr enw hwn, gan mai corbenic yw'r hen enw

Dinas Brân

Y Mynydd Hwn

Ffrangeg am frân neu gigfran. Mae'r chwedl yn mynd ymlaen i ddweud fod y Greal wedi parhau i gael ei gadw yn y castell am flynyddoedd maith nes cyfnod y Brenin Arthur.

Yn y bedwaredd ganrif ar bymtheg cofnodwyd chwedl werin yn ardal Llangollen yn dweud fod yna ogof o dan Dinas Brân yn llawn o drysor fyddai ond yn cael ei ddarganfod gan fachgen yn tywys ci gwyn â llygaid arian. Dywedir fod y cŵn hyn yn medru gweld y gwynt.

Ymwelodd y bardd William Wordsworth â Dinas Brân, gan alaru tranc y castell yn ei soned, 'Composed Among the Ruins of a Castle in North Wales' (1824) gyda'r geiriau:

Relics of kings, wreck of forgotten wars,
To the winds abandoned and the prying stars.

Sôn am y mawredd a fu y mae Taliesin o Eifion (Thomas Jones) hefyd yn ei englyn i Gastell Dinas Brân:

Englyn a thelyn a thant – a'r gwleddoedd
Arglwyddawl ddarfuant,
Lle bu bonedd Gwynedd gynt,
Adar nos a deyrnasant.

Ond er gwaetha'r bri diflanedig a'r ffaith i frenhinoedd Cymru fod mor anlwcus yma, nid yw hynny'n pylu dim ar gyfaredd Dinas Brân. A hyd yn oed os bydd hi'n sbel cyn i mi fentro i fyny yno eto, dim ond teithio rhyw dair milltir sy'n rhaid i mi ei wneud i'w weld yn glir a chael fy atgoffa o'r holl hanesion a chwedlau rhyfeddol sy'n gysylltiedig â'r lle hynod hwn.

Y Mynydd Hwn

Y BERWYN

Iolo Williams

I'r rhan fwyaf o bobol sy'n teithio o'r canolbarth i ogledd Cymru ac yn ôl, anialdir brown yn llawn o rug a defaid a dim byd arall ydi mynyddoedd y Berwyn. Ond i mi, maen nhw'n baradwys o lonyddwch, bywyd gwyllt a hen ffrindiau.

Mynyddoedd y Berwyn medda' fi, ond tydyn nhw'n fawr o fynyddoedd chwaith. Er bod Moel Sych a Chadair Berwyn yn codi dros ddwy fil o droedfeddi, bryniau ydi'r copaon i gyd mewn gwirionedd. Serch hynny, nid yw'r ardal yma erioed wedi dioddef o gymhlethdod israddoldeb gan fod ganddynt gymeriad unigryw sy'n gallu cystadlu ag unrhyw gopaon ar hyd a lled y byd i gyd.

Cefais fy magu yng nghesail y mynyddoedd hyn, ym mhentref bychan Llanwddyn. Roedd yn blentyndod delfrydol mewn cymdeithas glòs: chwarae yn y coed a physgota am frithyll yn yr afonydd gyda ffrindiau agos. Allai neb ofyn am blentyndod gwell nac am bentref mwy cynnes a chroesawgar ond, wrth edrych yn ôl heddiw, efallai mai rhodd fwyaf yr ardal i mi oedd fy nghariad at fywyd gwyllt a'r amgylchedd.

Dechreuais grwydro'r mynyddoedd yn ifanc iawn gyda Bitw'r ci, ac er imi dreulio diwrnodau hir ar y rhostiroedd, doedd Mam a Dad byth yn poeni amdanaf. Byddwn yn byw ar y mynyddoedd hyn yn y gwanwyn a'r haf gan fwyta brithyll o'r afonydd a phlanhigion, hadau a ffrwythau'r coedwigoedd ac yfed dŵr glân o'r nentydd cyn dychwelyd adref i wely cynnes. A dweud y gwir, roeddwn weithiau ar ben y mynydd pan ddylswn fod yn yr ysgol, ond roedd chwilio am nythod adar yn yr awyr iach yn llawer mwy pwysig i fachgen ifanc na gwersi mathemateg neu gemeg mewn dosbarth myglyd.

Y diwrnodau mwyaf cofiadwy ar y Berwyn oedd y rhai hynny pan oeddwn yn cyfri adar i'r Gymdeithas Gwarchod Adar, neu'r RSPB. Roedd hyn yn y dyddiau cyn i Iechyd a Diogelwch fynd yn rhemp a chawn fy ngadael yn rhydd i grwydro'r mynyddoedd i gyd, dim ond i mi gario map a phensel i gofnodi'r hyn a welswn. Doedd dim ffôn symudol na sach gefn llawn teclynnau diogelwch bryd hynny, dim ond cot law, sbienddrych a synnwyr cyffredin. Bryd hynny, byddwn weithiau'n treulio diwrnodau cyfan ar y mynydd cyn i newyn a blinder fy anfon i lawr i dir y byw unwaith eto.

Ar ddiwrnod delfrydol, byddwn yn cychwyn am y mynydd yn oriau mân y bore, ymhell cyn iddi wawrio, er mwyn cyrraedd y rhostir yn y tywyllwch. Galwai ambell dylluan frech wrth i mi gerdded trwy'r coed bythwyrdd ar lethrau'r bryniau ond, ar y mynydd agored, doedd dim byd ond tawelwch ac ambell chwa o wynt yn aros amdanaf. Ond wrth i'r du droi'n las, dechreuai adar y mynydd ddeffro i groesawu diwrnod newydd.

Y cyntaf i ganu yw'r grugiar ddu. Bob gwanwyn, bydd y ceiliogod yn ymgasglu ar lecynnau traddodiadol a elwir yn 'lek', lle byddant yn arddangos bob bore a nos er mwyn denu'r ieir. Mae'r rhain yn adar hardd, tua'r un maint â thwrci bach, gyda phlu glasddu, cynffon lydan wen a darn bach o goch uwchlaw'r llygad. Bydd gwylio hanner dwsin a mwy'n arddangos fel gwylio disgo – ond yn lle cael grŵp o ferched yn dawnsio o gwmpas eu bagiau, ym myd y grugiar ddu, y ceiliogod sy'n gwneud y gwaith i gyd.

Pan fydd iâr yn mentro allan o ddiogelwch y grug tal i ganol y 'lek', mae'r ceiliogod yn mynd yn wallgof, pob un yn gwneud ei orau glas i ddangos ei hun. Mewn gwirionedd, y ceiliog yng nghanol y 'lek', sef y delaf a'r cryfaf, sy'n cymharu gyda 80 y cant o'r ieir ond mae'n bwysig i'r rhai llai profiadol ddysgu'r grefft hefyd. Wedi cymharu, bydd yr iâr yn hedfan i ffwrdd er mwyn dodwy a magu'r cywion ar ei phen ei hun gan adael i'r ceiliogod ddawnsio er mwyn denu'r iâr nesaf i'r sioe.

Mae mynyddoedd y Berwyn gyda'r lle gorau yn ne Prydain i wylio'r adar unigryw hyn ac er i'r boblogaeth ostwng yn ddifrifol yn yr 1980au a'r 1990au, mae'n ymddangos bod y rhod yn troi a bod y rugiar ddu yn adennill tir unwaith eto.

Yn y gwyll bydd adar eraill yn arddangos hefyd. Dros rai o'r corsydd, mae cri'r gylfinir yn rhan hanfodol o ddyfodiad y gwanwyn a bydd gweryru'r gïach i'w glywed fore a nos. Caseg y gors yw enw 'Nhad ar yr aderyn yma, a mae hwn yn addas tu hwnt. Nid â'i big hir mae'r gïach yn gwneud y sŵn yma, beth bynnag, ond gyda phlu allanol ei gynffon sy'n crynu wrth iddo hedfan drwy'r awyr. Pan ddaw'r wawr, bydd yn tawelu. Yn y man caiff tri neu bedwar o wyau eu dodwy ar lecyn sych yng nghanol y gors. Yma hefyd bydd y gylfinir yn hoff o nythu, ei wyau brown yn ymdoddi'n berffaith i'r tyfiant.

Wedi i'r haul godi a chynhesu'r awyr, yna bydd yr adar ysglyfaethus yn deffro. Fel rheol, y rhai cyntaf i'w gweld yw'r bwncathod sy'n nythu yn y coed tal o amgylch y rhostir ond sy'n dod i'r mynydd i chwilio am fwyd. Fel y gigfran, byddant yn falch o unrhyw ddafad a gaiff anffawd ond maent hefyd yn hela cwningod a llygod sy'n cael lloches ymysg y rhedyn a'r grug. Y mamaliaid bychain a'r chwilod sy'n denu'r cudyll coch

Y Berwyn

Y Mynydd Hwn

i'r ucheldir hefyd ac fe'i gwelir yn aml yn hofran uwchben cyn plygu ei adenydd a phlymio i'r ddaear. Y ceiliog, gyda'i ben llwydlas a'i gefn oren, yw hoff aderyn fy nhad a bydd y mab hefyd yn gwirioni wrth weld yr aderyn ysglyfaethus hwn yn defnyddio'r awyr fel cae chwarae.

Fy hoff aderyn, fodd bynnag, ydi'r boda tinwen ac mae'r Berwyn yn gadarnle i'r creadur prin hwn. Dwi'n cofio dod o hyd i bâr yn nythu ar y rhostir uwchben Llanwddyn pan oeddwn yn un ar ddeg oed, a dawnsio i lawr o'r mynydd fel petaswn wedi darganfod cist yn llawn o aur. Erioed ers hynny, mae'r adar hyn wedi dal fy nychymyg, a does unman gwell i'w gwylio na rhyw gwm grugog, tawel ar ddiwedd y gwanwyn.

Byddant yn treulio'r gaeaf ar yr iseldiroedd ond pan ddaw tywydd mwyn mis Ebrill, bydd y pâr yn dychwelyd i'r mynyddoedd a phryd hynny mae un o arddangosfeydd gorau byd natur yn dechrau. Er mwyn denu iâr a hysbysebu ei diriogaeth, bydd y ceiliog yn arddangos uwchben y grug tywyll trwy hedfan i fyny ac i lawr fel reid 'roller-coaster' yn y ffair ac unwaith, mewn cwm unig yng nghanol y Berwyn, gwyliais dri cheiliog yn arddangos ar unwaith. Mae eu lliw golau yn sefyll allan yn

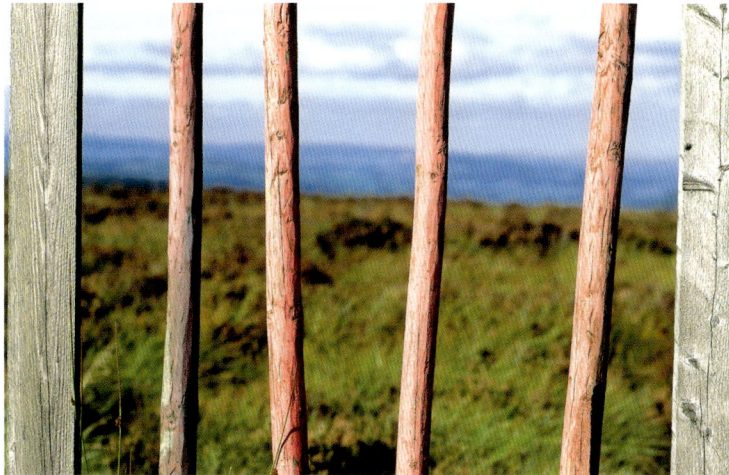

erbyn y mynydd a chyn hir, bydd yr iâr ddi-liw wedi ymuno â nhw er mwyn paratoi i nythu ymysg y tyfiant tal.

Ar ddiwrnod poeth o wanwyn, byddaf yn aml yn eistedd yn dawel am oriau yng nghanol y dydd achos bryd hynny, mae'r adar yn tueddu i gael 'siesta'. Pur anaml y byddaf yn gweld rhyw lawer rhwng tua 11 o'r gloch y bore ac 1 o'r gloch y prynhawn ond mae hyn yn rhoi amser imi fwynhau'r golygfeydd a'r bywyd gwyllt o'm cwmpas. Mae'r fadfall gyffredin yn niferus ymysg y gwair a'r grug a felly hefyd lygoden bengron y gwair sy'n brae pwysig i holl anifeiliaid ac adar rheibus y mynydd.

O dro i dro, bydd gwyfyn mawr o'r enw yr ymerawdwr yn gwibio heibio. Y ceiliog sy'n hedfan yng ngolau dydd, yn rhuthro ar draws y grug wrth ddilyn trywydd fferomonau rhyw sy'n cael eu rhyddhau gan yr iâr. Mae'n wyfyn tlws gyda llygadau mawr crwn ar ei adenydd. Yn ôl y sôn, mae'r rhain yn fodd i ddychryn anifeiliaid rheibus sydd am fwyta'r pryfyn ond byddaf yn darganfod llawer un wedi cael eu llarpio gan adar ysglyfaethus.

Yn y mannau gwlypaf mae chwys yr haul yn tyfu, planhigyn sydd wedi darganfod dull unigryw o oroesi mewn

Y Berwyn

cynefin mor ddiffrwyth. Mae rhai o'r dail wedi ymaddasu i ddal pryfed bychain drwy gynhyrchu glud ar flaen blewiach arbennig. Yna, bydd y planhigyn yn sugno'r maeth o gorff y pry druan a dyma sut y gall chwys yr haul dyfu ar bridd mawnog y mynydd.

Aderyn ysglyfaethus arall sy'n ymgartrefu ar y Berwyn yn y gwanwyn a'r haf ydi'r gwalch bach, ein hebog lleiaf. Dros y gaeaf, bydd yn dilyn yr adar bach, ei brif fwyd, i lawr o'r mynydd hyd at aberoedd a chorsydd yr iseldir cyn dychwelyd, fel y boda tinwen, ar ddechrau'r gwanwyn. Mae'n llawer anos gweld yr adar hyn na'r adar ysglyfaethus eraill gan eu bod yn hedfan yn isel ac yn gyflym dros y grug wrth hela eu prae ond mae pâr gyda'i gilydd yn adar swnllyd iawn ac ar unigeddau'r ucheldir, gall rhywun glywed eu sgrechian am filltir a mwy.

Hoffwn aros ar y mynydd o fore tan nos ac wrth i'r haul fachlud, mewn un neu ddau o gymoedd anghysbell, daw'r dylluan glustiog allan i hela. Hon yw tylluan brinnaf Cymru a hyd yn oed mewn cynefin perffaith fel rhostiroedd grugog y Berwyn, pur anaml y'i gwelir. Mae'n aderyn ysgafn gydag adenydd hir ac felly'n hedfan fel morwennol fawr, felynfrown yn isel dros y tyfiant wrth chwilio am lygod neu ambell aderyn bach dibrofiad sydd newydd adael y nyth.

Fel llawer o adar yr ucheldir, nytha ymysg y grug tal ac yma bydd yr iâr yn dodwy hyd at wyth o wyau gwyn, crwn. Fel rheol, dim ond trwy lwc y byddwn yn taro ar nyth a hynny dim ond ar ôl i'r fam gyfarth uwch fy mhen wrth imi agosáu. Mewn blwyddyn lle'r oedd digonedd o lygod, byddai mwy na hanner dwsin o barau'n nythu ar y bryniau ond aeth llawer o flynyddoedd heibio heb imi weld yr un dylluan.

Efallai bod llawer yn credu nad yw hi'n bosibl gweld cymaint o fywyd gwyllt unigryw mewn un diwrnod ond dyma sy'n helpu i wneud y Berwyn yn safle mor arbennig. Roedd dyddiau fel hyn yn fara menyn i mi bob gwanwyn a haf am flynyddoedd lawer a byddai cofnodi'r gwyrthiau naturiol a welais yn llenwi llyfr cyfan.

Yn ogystal â'r bywyd gwyllt, byddaf wastad yn rhyfeddu at dirlun y llecyn gwyllt yma yng nghrombil Cymru. Mae Pistyll Rhaeadr, pistyll talaf Cymru, yn enwog ledled Prydain ond gwell gennyf fi ymweld â rhai o'r cymoedd tawelach lle nad oes prin neb yn troedio.

Ar ddiwrnod oer, clir yng nghanol y gaeaf, byddaf weithiau'n mentro ar hyd y grib hyd at Foel Sych a Chadair Berwyn. Un mis Ionawr, roedd gwiwer lwyd yn aros amdanaf yno, filltir a mwy o'r goeden agosaf! Ym mis Awst, mae gyrru ar y ffordd rhwng Llangynog a'r Bala yn bleser pur gyda'r eithin a'r grug yn ei flodau a'r arogl pêr yn hedfan i mewn trwy ffenestr y car. Ni allaf ddychmygu unman gwell i gael fy nghladdu na mynwent eglwys hudolus Pennant Melangell yng nghanol holl ogoniant y goedwig a'r grug, ac mae'r olygfa'n edrych i lawr y llyn o westy Llyn Efyrnwy yn adnabyddus ar draws y byd i gyd. Does dim syndod bod rhai o sêr Hollywood wedi aros yn y gwelyau moethus.

Ond yr hyn sy'n gwneud y Berwyn mor arbennig, yn fwy na dim arall, ydi'r cymeriadau. Dwi'n cofio rhoi'r gorau i gyfri adar un bore er mwyn rhoi help llaw i hen ffarmwr ger Llandderfel hel ei ddefaid i'r gorlan er mwyn eu cneifio. Wrth sgwrsio, esboniodd ei fod yn cerdded y mynydd yn rheolaidd a gallai enwi pob nyth aderyn ysglyfaethus ar ochr ogleddol y

RSPB — What's about?

Species Seen Regularly · Ju[...]

Great Tit	Green Woodpecker	Spotted Flycatcher
Blue Tit	G.S. Woodpecker	House Martin
Coal Tit	Treecreeper	Swallow
Marsh Tit	Raven	Swift
Willow Tit	Jackdaw	Tree Pipit
Long tailed Tit	Carrion Crow	Redpoll
Nuthatch	Stock Dove	Redstart
Chaffinch	Robin	Pied Flycatcher
Greenfinch	Wren	Blackcap
Goldfinch	Crossbill	Cuckoo
Bullfinch	Siskin	Wood Warbler
Pheasant	Grey Wagtail	Sedge Warbler
Reeves Pheasant	Pied Wagtail	Common Whitethroat
	Garden Warbler	Red Kite
Woodpigeon	Linnet	
Sparrowhawk	Jay	Common Sandpiper
Goshawk		Mallard
Peregrine	House Sparrow	Goosander
	Meadow Pipit	G.C. Grebe
Hen Harrier		Cormorant
	Skylark	Grey Heron
Buzzard	Magpie	Kingfisher
	Goldcrest	Dipper
Tawny Owl	Dun[...]	
[...]g Thrush	Chiff[...]	

More Info On Reverse

Y Mynydd Hwn

mynydd. Wrth i'r gwaith barhau o dan haul crasboeth, dwi'n cofio gweld barcud yn cylchu uwchben – y cyntaf i mi ei weld ar y mynydd erioed. Hedfanodd yr oriau heibio heb yn wybod, ac ar ddiwedd diwrnod blinedig, aethom i'r dafarn gyfagos am beint o gwrw oer. Diwedd perffaith i ddiwrnod bythgofiadwy.

Dwi'n parhau i fyw dim ond tafliad carreg o'r ardal unigryw yma a hyd yn oed heddiw, gyda gwaith prysur sy'n fy nhywys i bedwar ban y byd a theulu ifanc sy'n mynnu pob eiliad o amser Dad, byddaf yn sicrhau bod amser i droedio'r hen lwybrau ar fynyddoedd y Berwyn. Dim ond fi, y cŵn, y bywyd gwyllt, y golygfeydd a'r llonyddwch di-ddiwedd.

Y Berwyn

Y Mynydd Hwn

GARN FAWR

Mererid Hopwood

Prin y gellid ei alw'n fynydd. Gall y cerddwr cymharol frwd frasgamu i'w begwn uchaf ymhen deng munud a hynny heb offer o fath yn y byd. Ac ni fyddai'r cerddwr hamddenol yn gallu treulio llawer mwy nag ugain munud wrth y gwaith.

Fe'i gwelwch am y tro cyntaf ar y daith tua'r môr ar hyd yr A40 ar bwys Treletert, yn y cydiad wrth i'r ffordd fawr wyro i'r chwith. Mae'n cysgu ar wastad ei gefn, ei drwyn yn yr aer, bysedd ei ddwylo wedi eu plethu ar ei frest, a bysedd ei draed yn cosi'r cymylau.

Ef sy'n uno'r tir a'r awyr ac yn rhoi ffin i'r orynys a elwir heddi yn 'Pencaer', ond a oedd unwaith, yn ôl y sôn, yn dwyn yr enw 'Pen Cawr'. Ac yn y mynydd hwn y gorwedd y cawr hwnnw hyd heddi. Fe dybiaf i mai ef oedd neb llai nag Ysbyddaden ei hunan. Ac fe gawn fwy o hanes hwnnw cyn diwedd y daith.

Ond dyma fi wedi eich camarwain chi'n barod. Na, nid am enw'r cawr, ond am y term 'mynydd', a hynny ar ddau gownt. I ddechrau, nid 'mynydd' mohono o gwbl, ond 'carn', ac yn ail, nid un garn mohono chwaith, ond pedair – os nad chwech. Oherwydd mae amlinell lom y cawr hwn yn cwmpasu Garn Fowr, Garn Fechan, Garn Folch a Garn Gilfach ac mae ei gorff twmpathog yn gorchuddio Garn Bristgarn a Garn Gelli. Dim ond un garn ar yr orynys i gyd felly sy'n rhydd o'i grafangau, sef Garnwnda. Ac yn ôl y sôn, fe gafodd cawr arall afael yn honno – neb llai na Samson. Rhyw brynhawn tymhestlog, yn ei natur wyllt, fe daflodd Samson faen enfawr o ben Garn Bristgarn i gyfeiriad Garnwnda. A dyna pam, hyd heddi, y gelwir y gromlech drawiadol sydd arni yn Garreg Samson.

O'r cernydd hyn i gyd, Garn Fowr yw'r uchaf. Ymestynna hon ychydig dros ddau gan metr uwchben y môr. Corrach o fynydd o'i gymharu â'i gefnder, Garn Ingli, draw yn y Preseli, ond cymharol yw popeth yn y byd hwn, ac ar ddarn o dir mor wastad â Phencaer, mae'r corrach hwn yn gawr.

Arhoswch nes mis Medi a'r hydref cynnar cyn mentro i ben Garn Fowr. Cewch fwy o lonydd bryd hynny. Oherwydd er mwyn deall y lle, gwell cael llonydd, ac er mwyn ei ddirnad, gwell cael llonyddwch llwyr, ac mae mwy o obaith o hynny wedi i fisoedd yr haf hala'r fforddolion oll am adref.

I gyrraedd y copa o'r ochr ddwyreiniol byddwch yn dilyn feidir fach ddigon amlwg ei thrywydd (a'i chloddiau'n hael eu mwyar yn y cyfnod hwn) ac o dan eich troed fe deimlwch chi'r tir yn gou. Oedwch am eiliad i daro'r ddaear â gwadn eich esgid ac fe glywch chi atsain stori sy'n dweud bod yma hen hen hanes. Ar y dde, tua hanner ffordd i'r pen, fe fydd hi'n hawdd iawn i chi beidio â sylwi ar ffynnon fach gynoesol, yn enwedig os yw'r rhedyn yn drwch. Ond y mae hi yno, a'i dŵr crisial yn cuddio o dan do carreg yn isel yn y ddaear. Oedwch fan hyn hefyd, y tro hwn i dorri syched ac i ddychmygu'r canrifoedd ar ganrifoedd o bobl fach sydd wedi cwrdd yn yr union le – yn ôl yr arbenigwyr, daeth y ffermwyr cyntaf i'r ardal yn Oes y Cerrig. Ac mae hynny oesoedd mawr yn ôl.

Yn ôl ar y feidir fawr, cewch gadw i ddringo hyd nes dod at wal garreg sych, ac erbyn hyn fe welwch, eto ar y llaw dde, nodwydd drwchus goncrid. Hwn yw'r maen sy'n datgan mai dyma begwn uchaf Pencaer. Er mwyn ei gyrraedd rhaid ymlwybro orau fedrwch chi gan dorri eich cwys eich hunan trwy'r grug a'r eithin. Gwyliwch rhag llithro, oherwydd mae pob gwelltyn o'r borfa wydn yn sgleinio'n beryglus. Ac er bod aur yr eithin yn fwy coeth na lliw yr un carped, buasai'n esmwythach glanio ar frwsh cans nag i ganol llwyn eithin.

Gallwch ddiwallu ysbryd yr anturiaethwr nawr wrth afael yn yr hen gerrig mawr sydd rhyngoch chi a'r copa a thynnu eich hunan yn arwrol i'r brig.

A dyma'r wobr: gweld llond gorwel o ryfeddod. Trwyn Tyddewi oddi tanoch a'r chwydalen honno arno – Clegyr Boia – a enwyd ar ôl unig elyn y sant; tir Iwerddon o'ch blaen (o'r lle y daeth y cyfaill anffodus yn y lle cyntaf); Eryri ac Enlli tu draw i chi a mynyddoedd y Preseli o'ch ôl.

Carn gadarn yw hon a chaer ddelfrydol yr amseroedd i gyd. Ym mhatrwm y cerrig gwelwn sgerbydau pentref oes yr haearn, ac yn adfeilion concrit y 'look-out' gwelwn sgerbydau ofnau rhyfeloedd byd y ganrif ddiwethaf. Ond er gwaethaf yr olygfa strategol a geir o ben y garn, erys un peth yn destun syndod i bobl yr ardal, sef y ffaith y gellir gweld eglwysi cynifer o blwyfi o'r fan hon – Tremarchog, Treopert, Trefwrdan, Treletert, Caslai, Mathri – ond heb allu gweld eglwys plwyf Llanwnda, sef plwyf y Garn ei hunan.

Gan ei bod hi'n Fedi, ac yn hwyr y prynhawn, prin iawn fydd y cychod hwyliau mas ar y môr, yn enwedig os bydd hwnnw'n dangos ei ddannedd, ac fe groesodd y llong am Iwerddon marce tri o'r gloch a goleudy Strwmbwl yn ei rhybuddio am beryglon ardal Ynys Meicel.

Ond mae'r dydd yn tynnu'n nes ac fel mae'r hen dafodiaith yn dweud 'mae'r houl yn gwishgo'i sane our'. Mae'n paratoi i fynd mas ac i ddawnsio'r dydd yn rhywle arall am wn i. Daeth hi'n 'awr deilwr': yr awr fach honno rhwng oriau, pan fydd hi efallai'n rhy dywyll i weithio liw dydd ond

Garn Fawr

yn rhy olau i gynnau cannwyll a gweithio liw nos. Dyma'r awr y bydd y golau'n ffafrio'r Garn gan adael iddi fwrw'i chysgod yn hir ac yn hwyr dros yr ardal i gyd. A dyma'r golau sydd wedi ennyn edmygedd artistiaid yr oesoedd, yn eu plith, John Piper, crefftwr ffenestri Coventry ac un a fu unwaith yn berchen ar Lys y Dryw, y bwthyn lleiaf un sy'n cwato yng nghesail y Cawr.

O dan y bwthyn hwnnw, i'r de-orllewin ac i gyfeiriad y môr, mae Pwll Deri, ac fel y gŵyr pob Cymro da, dyma gartref 'yr eryr, yr arth a'r bwci'. Lle gwych yw hwn i fynd i bwslo yn ôl Dewi Emrys, am fod meddilie mowr a phert yn dwad ichi 'pan fo chi'n ishte uwch ben Pwllderi'. Fan hyn y gwelodd e'r haf 'fel angel ewn' yn

'sportan wrth hala'r hen gropin eithin
i allwish sofrens lawr dros y dibin'.

Diolch i reolau cadwraeth y Parc Cenedlaethol mae'r olygfa o ben Garn Fowr heddi fwy neu lai yn gywir yr un peth ag yr oedd yn nyddiau Dewi Emrys. Liw dydd o leiaf. Ond pe deuai Dewi yma heddi i bwslo, liw nos o hydref, fe synhwyrai wahaniaeth mawr wrth edrych o'r copa ar y fro islaw. Oherwydd, yn nhai gwag y pentir hwn, nid oes golau ac mae ffenestri'r bythynnod i gyd yn ddall. Fe resynai yntau hefyd heb os, fod y rheolau cadwraeth yn parchu lliw'r teils ar y to a hyd a lled pob iet, ond heb boeni taten am enwau'r tai. Oblegid fe wyddai yntau mai yn yr enwau mae'r cyfoeth mwyaf – Llan Fenws, Pwll Crochon, Penbwchdu, Trelimin, Tresisillt, Trenewy', Trehywel, Trefaser, Trehilyn . . .

Wyddoch chi pwy oedd Aser? Neb llai nag athro personol y Brenin Alfred, ac yn ôl Iolo Morganwg fe hefyd oedd neb llai na Geraint Fardd Glas, un o dadau gramadeg Cerdd Dafod. A 'Hilyn'? Neb llai na Heilyn fab Gwyn o stori Branwen, a dim ond lled tafliad carreg cawr yw Ynys Gwales ei hunan, mas yn y môr yng nghlyw clychau eglwys Tyddewi.

Ond arhoswch funud, ym Mhwll Deri yr oeddem ni cyn i'r meddwl grwydro. Cyn gadael y fan honno, roeddwn i am eich atgoffa o'r tŷ bach cyn-oesol sydd ar ffald Dôl Gâr a'ch annog i fynd yno, er mwyn cael sbec ar un o gartrefi mwyaf hynafol Cymru. Dyma'r math o le sy'n peri i rywun synnu at gludwch di-wastraff aelwydydd y bobl gyntefig honedig ac i ofyn yn galed 'Beth yw digon?' 'Helaetha dy babell' yw hi ar bawb heddi, ond oni ddysgodd Waldo ni mai 'cael neuadd fawr rhwng cyfyng furiau' yw'r gyfrinach? (A bu'r bardd mawr ei hunan yn byw am gyfnod yn Llanwnda, union blwyf anweledig Garn Fowr, ar aelwyd ei chwaer.)

Cofiwch fod y cernydd hyn ar lwybrau'r saint, a bod sawl carreg filltir ar groesffyrdd yr ardal yn arddangos croes hynafol. Mesur y Dorth yw'r enw ar y cerrig arbennig hyn, (a dyma'r enw ar bentref cyfan yn nes at Dyddewi). Cânt eu henwi felly, mae'n debyg, am mai dyma'r fan y gwerthwyd bara i'r pererinion ac y rhannwyd y cymun bendigaid. Does dim dwywaith nad yw'r llwybrau hyn wedi gweld tramwyo miloedd.

Ac er mai ardal gymharol fach yw teyrnas y Cawr, mae yma ryw deimlad o ehangder rhyfedd. Wedi'r cyfan, sawl un ohonom yng Nghymru all honni bod ei hynafiaid wedi byw drws nesaf i'r 'North Pole'? Yn wir i chi! Dyna union leoliad tyddyn y Gwtws, sef cartref priodasol cyntaf fy mam-gu a'm tad-cu. Ac mae bwthyn North Pole yn ei dro yn edrych i lawr dros dyddyn 'Good Hope' (neu 'Gwd Hop' i roi i'r lle bach ei ynganiad cywir).

Ac yn sicr roedd ffydd fawr os nad gobaith da yn perthyn i deulu bwthyn y Penrhyn, sef y bwthyn bach nesaf draw ac agosaf at y môr. Mae'r hanes yn fyw hyd heddi am deulu'r Penrhyn a'r fam ofalus a roddai loithir – tennyn neu lyffethair – am y plant i gyd i wneud yn siŵr na fyddent yn diflannu dros y dibyn wrth chwarae.

Dilynwch lwybr yr arfordir gan bwyll bach o'r Penrhyn i gyfeiriad y Strwmbwl ac fe ddewch chi at fan a elwir yn Gapel Degen. Nid oes hyd yn oed allor yma heddi, ond mae cof am drothwy o lechen a ddaeth i glawr unwaith o dan y grug, a chof hŷn am y mynach bach a ddaeth yn ei gwrwgl a glanio ym Mhencaer wrth iddo ffoi o orlif Cantre'r Gwaelod. Ceir y capel hwn ar dir Tresinwen a dywedir mai hen air Cymraeg am elusen yw 'sin'.

Ond mae'n well i ni brysuro yn ôl at stori'r Cawr ei hunan. Mae'n tywyllu nawr. Ac er mor sersog yw'r nosweithiau yn Sir Benfro, ni fynnwn loetran ar ben y Garn ar fy mhen fy hunan yn llwyr.

Cyfeiriwyd eisoes at Ynys Gwales ac at Heilyn, a rhwng y ddau le yma gorwedd Porth Glais, lle arall amlwg ar fap y Mabinogi. Mae'n ddigon posib na ellir profi cysylltiad yr hen hanes â'r lle hwn yn ddigon gwyddonol i fodloni pen yr academydd, ond gall y galon weld y ddolen yn glir.

Gŵyr hon yn syth mai gwir yw'r gair, dim ond iddi glywed mai'r hen enw am Garn Gilfach oedd Garn Culhwch, a bod y Garn drws nesaf i Garn Gilfach yn dwyn yr enw Garn Folch, sy'n dod o hen air Cymraeg am frwydr, sef 'moloch', a bod cromlech ar y garn honno sy'n dwyn yr enw Carreg Arthur, a bod craig ar ben Garn Bristgarn yn dair troedfedd o led, dwy o ddyfnder a chwech o uchder, a elwir hyd heddi yn 'Sêt y

Cawr', ac mai ar hon yr arferai Ysbaddaden dreulio'i ddyddiau wedi camgymeriad truenus Seithenyn.

(Roedd wedi dewis ei orsedd yn ddoeth, oherwydd er y gwyddai'n iawn fod Garn Fowr yn uwch, gwyddai hefyd mai o Garn Bristgarn y gellid gweld gorllewin a gogledd Cymru orau a bae yr hen Gantre'r Gwaelod. Ac o'r sêt hon y taflodd Ysbyddaden y maen a laniodd ryw hanner milltir i'r de ac a roddodd yr enw 'Goitan' i'r fferm draw.)

Yn yr un modd, gallwn wybod yn saff mai dyma'r fan lle eisteddai Ysbyddaden pan daclodd Culhwch ef o'r diwedd a'i eillio â'r gwellau a fu unwaith rhwng clustiau'r Twrch Trwyth. Ac â llygaid y galon fe'i gwelwch yn ei gynddaredd yn syrthio lawr o'r sêt a diflannu'n ddidrugaredd dros ben y clawdd i'r môr mawr. Heddi mae'r maen mawr hwn yn lled-orwedd â hollt drwyddo, ond mae'r mesuriadau'n dal yn gywir a'r stori'n parhau i afael.

Gyda diflaniad Ysbyddaden, a phriodas lawen Culhwch ac Olwen, fe aeth yr ysbryd drwg o Bencaer am byth. Ac fe ellir profi'r rhan honno o'r stori ta beth. Oherwydd ar faen yn Feidir Pont Eglwys, yn union o dan Garn Bristgarn, mae ôl carn y diafol. Ac er i'r mwswg a'r mieri orchuddio holl gerrig eraill y clawdd yn y feidir hon, ni welwyd erioed yr un tyfiant o gwbl yn mentro gorchuddio 'Sawdl yr Ysbryd Drwg'. Dyma gofeb deilwng i fuddugoliaeth daioni os buodd un erioed.

Dyna pam, mae'n debyg, fod yr hen gawr yn cysgu hyd heddi, a'r cysur mawr yw hyn: pan ddaw'r dydd iddo fe ddihuno, fe fydd e o leiaf yn gawr caredig.

Mae hud ar Ddyfed. A hud y mynydd hwn sy'n fy nhynnu i bob tro. Pan oeddwn yn yr ysgol fach bu'n rhaid ysgrifennu stori yn dweud beth wnâi rhywun pe câi rybudd

Garn Fawr

Y Mynydd Hwn

fod diwedd y byd am ddod mewn tair awr. Bryd hynny roeddwn i'n sicr beth wnawn i – sef mynd, mor glou ag y gallwn i, â'r teulu i gyd, y pell a'r agos – o Gaerdydd ac anelu am ben Garn Fowr. A dyna wnawn i heddi hefyd. Dwi 'run mor sicr. Ond fy mod i'n lwcus iawn y dyddiau hyn am fod Caerfyrddin gymaint â hynny'n nes.

Peidiwch ag aros am rybudd fel hyn cyn mentro cadw cwmni â'r cawr caregog a charedig hwn.

Y Mynydd Hwn

MYNYDD Y GARREG

Ray Gravell

'Ma chi fynydd a hanner: Mynydd y Garreg, a'r pentre o'r un enw, yn rhan isha' un o gymoedd hyfrytaf Cymru, Cwm Gwendraeth.

Rydym mewn lleoliad ardderchog ar ochor arfordirol y cwm, hanner ffordd yn gwmws rhwng dau o drefi mwyaf Sir Gâr: Llanelli ar yr ochor ddwyreiniol a thref hynaf Cymru, Caerfyrddin, ar yr ochor orllewinol. Naw milltir yn gwmws sydd i'r ddau gyfeiriad i gyrraedd y ddwy dref, a rhyw filltir a hanner lawr y ffordd sydd at dref hynafol Cydweli, lle mae'r ddwy afon Gwendraeth, y Fawr a'r Fach, yn llifo ac yn uno ar Forfa Cydweli.

Enw ein tŷ ni yw Brynhyfryd ac mae'r enw'n gweddu'n berffaith oherwydd y golygfeydd godidog sydd i'w gweld o'n cartref. Penrhyn Gŵyr draw i'r chwith ac, i'r dde, Ynys Bŷr, lle sefydlwyd mynachdy gan y Gwyddelod a laniodd yno 'nôl sha'r bumed ganrif. Ry'n ni'n ffodus iawn ein bod ni'n edrych i lawr ar dref Cydweli ac, wrth wneud, rwy'n ymwybodol o'r hanes rhyfeddol sydd o'n cwmpas: cadernid gormesol castell Cydweli a thŵr eglwys y Santes Fair yn atgoffa pawb o'i phwysigrwydd a'i hurddas, a thu hwnt i hynny, bae Caerfyrddin a'i charpet glas symudol yn ymestyn draw i'r gorwel, gwlad hud a lledrith. Bois bach, rwy yn 'i chanol hi!

Nawr, fe'm ganwyd yng Nghydweli: Mam o'r dref a Nhad o'r Mynydd. Mae'n debyg i ni dreulio rhyw dri mis fel teulu yng nghysgod muriau'r hen gastell cyn i Jac Gravell, fy nhad, benderfynu mynd 'nôl i'w gynefin a Mam – Nina – a finne, wrth gwrs, yn dilyn. A dyma nghyflwyniad cynta i, a minne'n ddim ond rhyw chwe mis oed, i bentre hynod a godwyd ar sylfaen gadarn y garreg galch, Mynydd y Garreg.

Fe fuon ni'n byw am dair blynedd mewn bwthyn gwyngalchog dwy stafell o'r enw 'Bwlch y Mynydd' a'r unig atgof sy gennyf am y lle yw'r cymydog oedd yn byw drws nesa, hen ŵr hoffus iawn o'r enw Henry Hall. Mae'n debyg bod Henry hefyd wedi cymryd at y bwndel bywiog â'r gwallt coch, a byddai wastad yn cyfeirio ataf fel 'Redman'.

Symud wedyn o gyrion y pentre i dŷ cyngor newydd sbon; Mam wrth ei bodd gyda'r system garthffosiaeth, y bath, a'r toiled – y mod cons i gyd! Oedd, roedd 5 Bryn Hefin yn 'blasty' wedi'i leoli reit yng nghanol y pentre. Swyddfa Bost gerllaw, dwy siop yn gwerthu pob math o ddanteithion a garej

'Aldwyn yr Oil' wastad ar agor unrhyw amser o'r dydd neu'r nos. Finne nawr yn bedair oed ac eisoes y gwreiddie wedi'u plannu a'u hangori'n dynn yn y gymdeithas glòs.

Fe ges i blentyndod a magwraeth hapus, hapus iawn, dim gofid yn y byd a'r sicrwydd bod Mam a Dad wastad yno i gymryd gofal ohonof a'm gwarchod. Dyna, dwi'n meddwl, fel y dyle'r plentyndod delfrydol fod.

Nawr, reit ar ben y Mynydd ro'dd 'na fwthyn o'r enw 'Brynhyfryd' a Nhad wedi gosod 'i feddwl ar geisio'i brynu. Colier oedd e, yn gweithio yng ngwaith glo Pentre-mawr ym Mhontyberem a'i ddiddordebe oedd hela cwningod, garddio, peint bach neu ddau ar nos Sadwrn. Bywyd syml, gonest a chyflawn. Wel, fe gafodd ei ddymuniad a llwyddo yn y pen draw i brynu'r bwthyn, ac felly dyma symud o ganol y pentre i dop y pentre, siwrne o ryw hanner milltir. Ie, pentre bach o'dd Mynydd y Garreg bryd hynny: mae wedi ehangu tipyn ers y pumdegau cynnar ond mae'n dda 'da fi ddweud ei fod e'n dal yn bentre.

Erbyn hyn roeddwn yn saith oed ac yn uniaethu'n llwyr 'da bywyd y pentre a'r gymdeithas oedd ohoni. Hefyd ro'n i wedi dechrau ymddiddanu yn y campau ac yn enwedig rygbi. Roedd fy nhad, fel cyn-chwaraewr 'i hunan, yn hynod o falch bod ei fab yn ei ddilyn yn yr un traddodiad, a finne, wrth reswm, yn falch o wneud. Bydde Mam annwyl wastad yn gofidio y bydde 'Ray's bach' yn cael niwed neu anaf difrifol wrth gwrso'r bêl hirgron 'na. Ond dygymod â hyn wnaeth hi oherwydd, wedi'r cyfan, roedd e'n rhan o fywyd a hanes y cwm hynod yma.

Yn ogystled â rygbi ro'dd 'da fi ddiddordeb mawr mewn hela cwningod. Do'n i ddim yn arddwr, ond o'n i'n dipyn o heliwr, diolch i ddylanwad a hyfforddiant fy nhad. Dyddiau bythgofiadwy oedd y rheiny, yn cerdded y Mynydd, chwilmentan miwn a mâs o'r hen chwareli, cywain gwair a helpu ar y ffermydd yn ystod yr hafau hirddydd hyfryd, sy'n dal yn gaeth i gof plentyndod, a hyn oll yng nghwmni fy arwr mawr, Dad.

Rwy'n sylweddoli nawr taw asgwrn cefn a sylfaen y bywyd teuluol oedd Mam, ond Dad oedd y dyn i fi, a'r mab yn ceisio'i ore glas i'w efelychu. Do wir, fe ddangosodd ac fe ddysgodd e bethe i mi a fydde'n amhosib dod ar eu traws mewn unrhyw goleg neu brifysgol; rhannu cyfrinachau, meithrin perthynas unigryw rhwng tad a mab a chyflwyno i mi werthoedd a pharch tuag at y gymuned a'i phobol. Ac wrth gwrs fe wnaeth e hefyd drosglwyddo'r holl wybodaeth oedd ganddo am yr ardal yn hanesyddol o gyfnod y Normaniaid hyd at y chwyldro diwydiannol. Roedd e hefyd yn fardd talcen slip, fel nifer o'r hen goliers, a'i gariad at gerddoriaeth yn angerddol.

Mynydd y Garreg

Y Mynydd Hwn

Roedd Mam, ar y llaw arall, yn un o'r dref a ddim cweit mor frwdfrydig ynglŷn â blingo'r cwiningod, troi'r ardd a gwneud pele mond (cymysgwch o lo mân, clai a chalch) i gadw'r tane ar gynn am ddyddie ar y tro. Ond, whare teg iddi, ro'dd hi'n deall y blode a'r fferets i'r dim! A thra oedd yr ardd yn gorlifo gyda llysie a ffrwythe o bob math dan haul, roedd 'na gornel amlwg gan Mam hefyd yn llawn o flode tlws a'r border bach wastad yn fôr o liw ac yn gymysgedd o bersawr a fydde'n gosod y dychymyg ar ryw siwrne hudol i berfeddion yr isymwybod. 'Na chi siwrne, 'na chi olygfa, 'na chi brofiad!

Cae Post y pentre, stamp o gae ar lethr, oedd 'Maes ein breuddwydion', yn gae criced, rygbi, pêl-droed a hyd yn oed yn Wimbledon dros dro, a phlant y pentre i gyd yn rhan annatod o'r holl weithgareddau. Bydde'r hwyl a'r asbri, fel gwythienne glo y Cwm 'ma, yn gweu'u ffordd i bob cwr a chornel o filltir sgwâr ein pentre ni. Roedd bywyd yn braf iawn, roedd y dyfodol yn bell i ffwrdd, a brawdgarwch a chyfeillgarwch yn rhywbeth i'w drysori a'i werthfawrogi – trysor llawer mwy nag aur ac arian.

Ond, gwaetha'r modd, ro'dd 'na dro ar fyd ar y ffordd. Fe gafodd fy nhad ddamwain dan ddaear yng ngwaith glo Pentre-mawr, damwain ddifrifol wnaeth effeithio arno nid yn unig yn gorfforol ond yn feddyliol hefyd. Ar y pryd ro'n i'n ddisgybl yn Ysgol Ramadeg y Bechgyn yng Nghaerfyrddin, yn chwarae rygbi bob bore Sadwrn, a bywyd yn fêl i gyd.

Ta waeth, un penwythnos a'th Dad am wâc ar hyd y Mynydd ac ni ddychwelodd. Fe ddes i ar draws ei gorff yn gelain ac yn oer ynghanol y rhedyn ar ben ucha'r Mynydd – man cyfarwydd iawn i ni'n dau wrth i ni hela a ffereta am gwningod. Roedd e wedi cyflawni hunanladdiad, yr anaf dan ddaear a'r iselder ysbryd yn ormod iddo.

Ro'n i'n bedair ar ddeg oed pan ddigwyddodd hyn. Yn dilyn ei farwolaeth fe newidiwyd bywyde Mam a finne yn gyfan gwbwl; ond diolch i'r help a'r cymorth a gawson ni gan ffrindie a rhai aelodau o'r teulu, ro'dd yn rhaid i fywyd fynd ymlaen, ac ymlaen yr aeth.

Roedd Mam ond yn ddeugain mlwydd oed a'r Mynydd yn wag iddi hi heb Jac, felly penderfynodd ei bod hi am fynd yn ôl i fyw i Gydweli. Finne'n pledio gyda hi am beidio mynd â ni o Fynydd y Garreg oherwydd, heb Dad, y bwthyn a'r pentre, i mi – yn hunanol iawn – do'dd 'na ddim dyfodol.

Mam yn ei doethineb yn ystyried popeth ac yn penderfynu yn y pen draw bod y ddau ohonom i aros ym Mrynhyfryd.

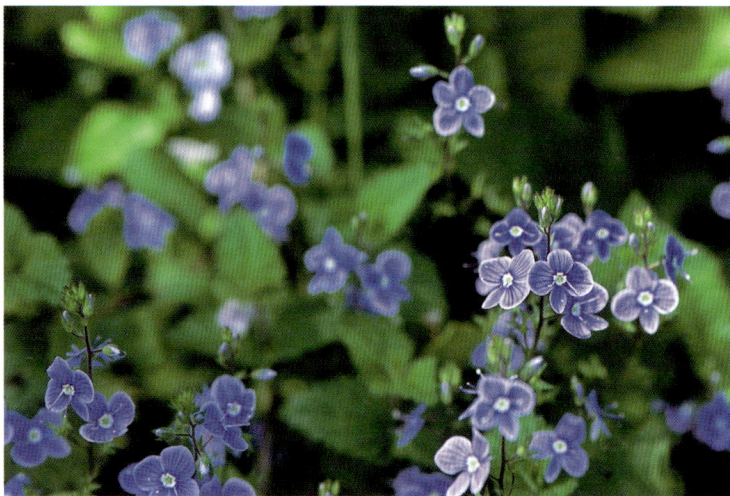

S'da fi ddim byd yn erbyn Cydweli – fe'm ganwyd yno – ond ym Mynydd y Garreg y'm magwyd. S'neb yn deall ofn ac amheuon plentyn yn well na mam. Ma'r ddyled sydd arna i i Nina Eileen Gravell yn ddyled dragwyddol ac mae geiriau Nhad yn dal i atseinio yn fy nghlustiau hyd heddi: 'Cofia, dim ond un fam gei di, parcha hi'. Gwir bob gair, Dad, gwir bob gair.

Mae 'na ddeugain mlynedd eisoes wedi mynd heibio ers ei farwolaeth: 'Ehed amser megis tic toc hen gloc'. Ac yn ystod y deugain mlynedd diwetha 'ma, wel, i sôn am yr holl ddigwyddiade, fe gymerai oesoedd – a sawl cyfrol – i olrhain yr hanes i gyd. Rwyf wedi teithio i bedwar ban byd, yn chwarae rygbi dros Gymru a'r Llewod ar sawl cyfandir, a'r siwrne ore o bob taith i mi, heb os, oedd y siwrne adref.

Ble mae 'adref'? Wel, yn yr union fan y buodd e erioed – Brynhyfryd, Mynydd y Garreg. Pan gefais fy urddo i Orsedd y Beirdd yn Eisteddfod Machynlleth yn 1981 fe wnes i ddewis yr enw barddol 'Ray o'r Mynydd'. Ac yn wir, pan wnaeth fy nghariad, Mari, gytuno i mhriodi yng Nghapel Horeb, Mynydd y Garreg yn 1991 a mynnu taw Brynhyfryd fydde ein cartref teuluol ro'n i wir ar ben fy nigon. Mae Mari a finne bellach yn rhieni i ddau o blant: dwy groten, Manon a Gwenan, 'merched y Mynydd', sydd nawr yn sicrhau dilyniant a dyfodol yr hyn y maen nhw wedi'i etifeddu.

Mynydd y Garreg

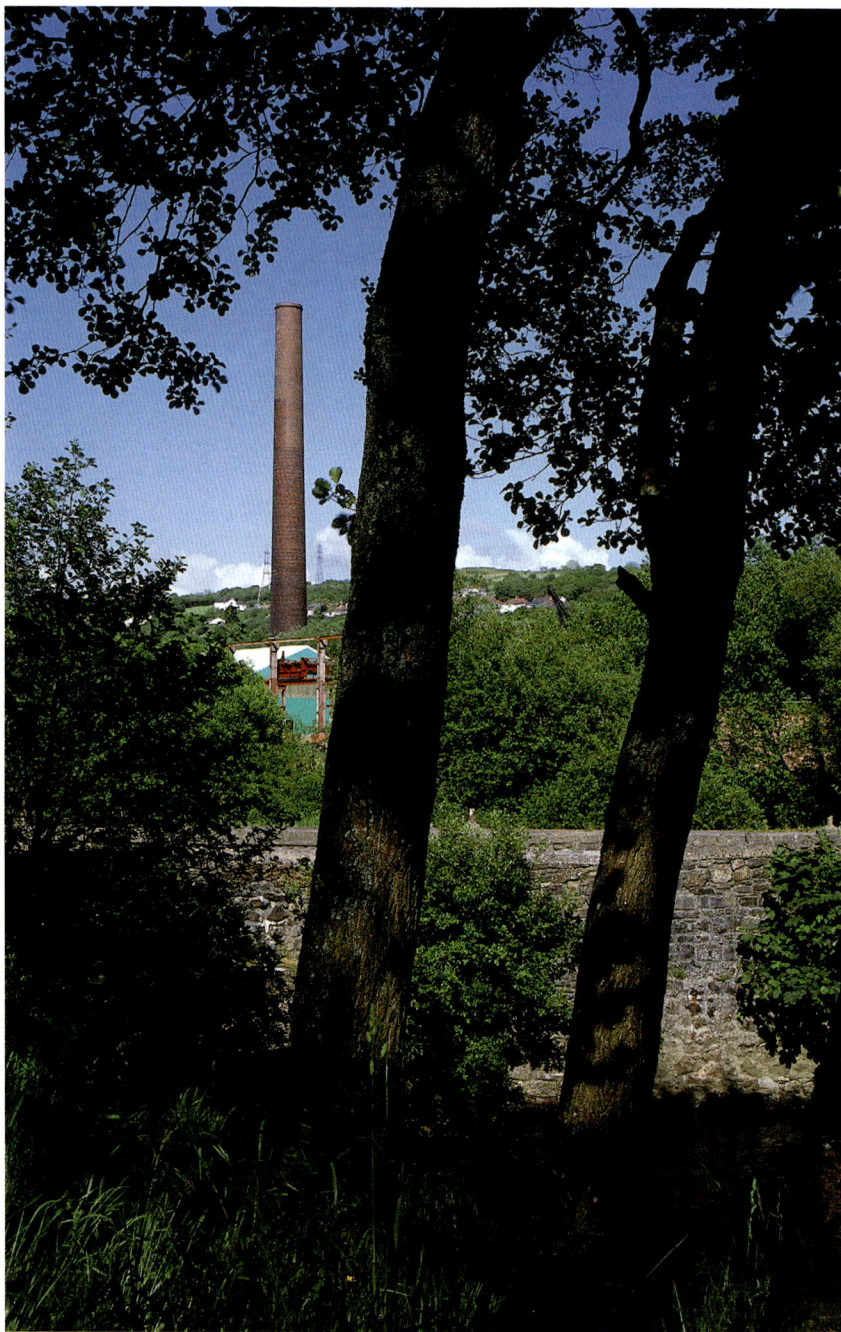

Y Mynydd Hwn

Pan benderfynodd Cyngor Sir Gaerfyrddin enwi'r hewl sy'n arwain at Brynhyfryd yn Heol Ray Gravell, wel dyma chi gwestiwn a ofynnwyd gan Manon a Gwenan pan welwyd yr arwydd am y tro cyntaf: 'Dad, odi hynny'n golygu fyddi di'n byw am byth?' – cwestiwn a wnaeth fy hyrddio i 'nôl i mhlentyndod yn crwydro'r Mynydd yng nghwmni fy nhad oherwydd, fel plentyn diniwed, o'n i'n meddwl y bydde Dad yn byw am byth!

A dw i hefyd yn deall nawr y cariad a deimlais i tuag at Mam a Nhad ac yn ei weld a'i deimlo trwy fynegiant a chariad fy mhlant yn hunan tuag ato' i a Mari.

Felly pam fod y mynydd hwn yn golygu cymaint i mi? Dw i ddim yn gwbod yn iawn beth yw'r ateb i'r cwestiwn 'na. Ond beth dw i yn wybod yw hyn: fe'm ganwyd yn fab i un o 'Feibion y Mynydd' ac ma' 'na lonyddwch yma hyd yn oed yng nghanol y stormydd mwya tymhestlog. Ma'r Mynydd, er mor agored a charegog, eto i gyd yn gaer sy'n cynnwys lloches a chymorth mewn cyfnode o ofid a pherygl.

A phan fydd ffrindie neu ymwelwyr yn galw heibio, ma' pawb, heb eithrio'r un, yn tynnu sylw at y golygfeydd sydd i'w gweld o'r llecyn hwn. Ie, breuddwyd tad yn cael 'i wireddu gan y mab, a'i weledigaeth e wnaeth fy sbarduno i i geisio troi'r ddelfryd yn rhan o'm bywyd bob dydd.

Rwy'n sylweddoli, wrth i mi werthfawrogi'n weledol y pethau sydd o'm cwmpas ac wrth feddwl 'nôl am yr hyn a fu, pa mor ffodus yr ydwyf y dyddie 'ma i gael y fraint o fyw ble'r ydw i wedi dewis byw. Ma' hyn, wrth gwrs, yn bosib oherwydd bod Mari, Manon a Gwenan hefyd yn rhannu ac yn teimlo'n angerddol taw dyma eu cartref nhw ac, oherwydd hynny, mae e'n fwy o gartref nawr nag a fuodd e erioed.

Fe wnaeth y diweddar a'r annwyl Carwyn James, hyfforddwr y Llewod a Llanelli, ddweud wrtha i unwaith, ac ar goedd hefyd: 'Raymond, rwyt ti'n ddyn dy filltir sgwâr'. Roedd Carwyn yn llygad ei le, a dwi'n credu fy mod i wedi cario'r filltir sgwâr a'm Cymreictod gyda fi ar bob siwrne a thaith rwy wedi ymgymryd â hi. Roedd Carwyn hefyd yn nabod ei bobol, ac yn y pen draw pobol sy'n gwneud y lle, a dyma chi'r lle gore yn y byd i gyd – Mynydd y Garreg, 'Y Mynydd Hwn'.

Y Mynydd Hwn

CRIB NANTLLE
Dylan Iorwerth

Mae crawc y gigfran i'w glywed ar hyd y daith. Weithiau'n adleisio oddi ar y creigiau, weithiau yn union wrth eich ymyl wrth i ddwy godi ar ffrwst o un o'r cilfachau a phlymio i lawr rhwng y clogwyni. Ac mae yna grych ar Lyn y Gadair wrth gychwyn o faes parcio'r Wyddfa yn Rhyd-ddu heibio i dalcen Tŷ'r Ysgol. Mae'r rhan fwya'n ei throi hi, yn sgidiau crand a chit cerdded newydd – y berghaus trist – am y mynydd ucha. Y ffordd arall yr awn ni.

Dod yn nes atoch chi eich hunan y byddwch chi wrth gerdded. Mae pob taith yn daith trwy orffennol hefyd, hyd yn oed mewn lle newydd. Sŵn y mawn a'r migwyn yn dod ag atgofion yn ôl o chwarae ar y siglenni a'r corsydd erstalwm a rhuthr yr afon dan y bont lechen gul yn ail-greu dyddiau hir o antur a mentro a gwlychu. Afon Gwyrfai ydi hon sydd o'ch blaen, ac wedyn y tu cefn ichi, wrth groesi'r tir gwlyb at waelod y Garn.

Ar lannau hon, ac ynddi hi, y bydden ni'n byw a bod ddeugain mlynedd yn ôl, bum milltir yn nes at y môr. Neidio o un ynys i'r llall, chwilio am frithyll yn nüwch Pwll Tro a cherdded sawl gwanwyn i weld rhyfeddod y llyswennod bach yn dringo creigiau Nant y Betws ar eu ffordd i Lyn Cwellyn ar daith reddfol o Fôr Sargasso neu rywle lledrithiol tebyg.

Allwch chi ddim gweld Llyn Cwellyn wrth ddechrau dringo, dim ond Llyn y Gadair, fel darn o ddrych wedi'i dorri ar felyn a llwyd y gweundir. Dim ond ar ôl ychydig o ymbalfalu hyd y llwybr serth y daw Llyn Dywarchen i'r golwg hefyd a'r atgof am stori'r ynys chwedlonol a fyddai'n symud hyd-ddo.

Gwlad y Tylwyth Teg ydi hon, medden nhw, o amgylch troed yr Wyddfa. Roedd yna sawl dyn ifanc wedi mynd ar goll fan hyn a sawl geneth wedi ymddangos i'w hudo nhw i ebargofiant. Y creigiau eu hunain sy'n gwneud hynny bellach. Ganrifoedd yn ôl, pan oedd dim ond llwybrau'n croesi'r moelni maith a dim ond ambell loches bugail yn torri ar yr unigedd, mi allwch chi ddychmygu pa mor hawdd fyddai hi i fynd ar goll a chael eich cyfareddu. Lle rhwng dau fyd ydi hwn. Braidd fel cerdded mynyddoedd.

Llethrau'r Garn ydi'r lladdfa. Ac mae'n waeth byth heddiw a'r llwybr wedi treulio'n hafnau a cheunentydd blin. Hyd yn oed yn y gaeaf, does dim llonydd i fynydd bellach ac mae olion yr hen ffyn bach miniog yna i'w gweld yma ac acw yn y pridd prin. Y gaeafau diwetha yma, prin gyffwrdd y llethrau wnaeth yr eira a dydi'r rhaeadrau rhew ar y creigiau ddim wedi aros yn hir cyn dechrau diferu eto. A hithau bellach yn dechrau troi'n wanwyn, bron na allwch chi deimlo'r dŵr yn symud fel peiriant anferth o dan groen y grug a'r crawcwellt, yn llifo'n anweledig trwy rydwelïau'r pridd ac i lawr tua'r dyffryn a'r môr. Er ei bod hi'n dechrau poethi, allan o lygad yr haul, mae wyneb y graig yn dwyllodrus a llaith a'ch traed yn llithro'n gyson.

Yr hanner awr gynta sydd waetha. Y gosb cyn y wobr. Y dringo caled yna pan fydd pob sŵn yn diflannu a dim ar ôl ond megino cras eich ysgyfaint yn llenwi eich clustiau. Ar adegau, mae'r tynnu ar y cyhyrau yn ddigon i'ch gwangalonni a dim ond yr awydd i gyrraedd a pheidio ag ildio sy'n eich gyrru ymlaen. Ac, wedyn, pan fydd yr ewyllys yn dechrau diffygio, mae rhyddm eich coesau'n eich gwthio'n ddifeddwl yn uwch. Y meddwl yn gyrru'r corff, y corff yn tynnu'r meddwl.

Y fantais o ddringo caled, sydyn ydi gweld y wlad yn newid. Y manylion yn llithro'n ôl oddi wrthych a phatrymau bras yn ffurfio'ch blaen. Fel rhoi eich trwyn ar fap a thynnu eich pen yn ôl yn raddol. I lawr wrth gaeau Fferm Drws y Coed, gweld y mawndir melyn yn lledu o'ch cwmpas wnewch chi a'r darnau o las fel ynysoedd. Wrth godi, mae'r ynysoedd yn troi'n dyllau. Mi fedrwch weld yn glir lle mae dyn wedi torri clytiau o gaeau

glas allan o frethyn y gweunydd a lle mae natur yn taro'n ôl. Yno, mae ymylon y defnydd yn breuo a'r brwyn yn torri trwyddo unwaith eto. Ac wedyn, mae'r hen chwareli draw tua Clogwyn y Gwin o'ch blaen ac yn uwch ar ystlys yr Wyddfa fel rhwygiadau cas, a phwythiadau blêr llystyfiant yn dechrau eu cau unwaith eto.

Mae angen gosod nod. Dal i fynd nes cyrraedd y gefnen fach nesa cyn aros a sythu ac edrych ar draws lle mae Eryri gyfan fel petai'n codi o'r ddaear o'ch blaen. Wrth ddringo, mae mwy a mwy yn dod i'r golwg, nes yn y diwedd, mi allwch chi weld bron yr holl gopaon, yn amlwg a chlir yn agos atoch, yn gysgodion llwydlas yn y pellter. Moel Eilio ar y chwith, draw fancw yn gychwyn ar res o foelydd pengrwn fel gyr o gamelod yn tywys y llygad at yr ymchwydd uwch Clogwyn Du'r Arddu a mwg y trên bach fel plu'r gweunydd. Y Foel oedd cefndir plentyndod lle'r oedd cri'r gylfinir yn hongian yn hiraethus yn y gwynt. Hiraeth am y gylfinir ei hun sy'n oedi ar yr awel bellach. Fel clywed sŵn nad yw'n bod.

Yr Wyddfa, wrth gwrs, sy'n union o'ch blaen, y canolbwynt sy'n tynnu gweddill y darlun at ei gilydd. O'r ochr yma, gweld ei hyd a'i lled hi y byddwch chi, yn hytrach na rhyfeddu at ei huchder. Mae'r ddau Foelwyn draw ar y dde ac Arennig y tu hwnt. Mae'n anodd adnabod Cnicht, a chithau'n gallu gweld y grib yn ymestyn y tu ôl iddo gan golli'i osgeiddrwydd i gyd.

Crib Nantlle

Y Mynydd Hwn

Mae'r Aran – Aran yr Wyddfa – yn agos fan hyn a chraig ddychrynllyd Lliwedd yn dod i'r golwg yr ochr draw. Ac mewn agen rhwng copa a chrib, mae Elidir Fawr a'r Carneddau yn tynnu'r llygad i'r pellter lle mae'r ddaear yn toddi i'r awyr nes methu â gwahaniaethu rhwng cwmwl a chraig a thrum. Pan fydd hi'n hwyrhau, a'r haul yn taro o'r uchder iawn, mi fyddan nhw weithiau'n edrych fel patrymau o bapur llwyd a du a'r naill wedi'i osod yn haen ar ben y llall. Does dim mwy dramatig na storm fellt y tu cefn i'r mynyddoedd yn y nos, pan fydd y wlad yn goleuo'n sydyn a nhwthau'n troi'n silwét.

Dim ond un hwrdd o ddringo eto ac wedyn y wal fynydd a'r llain garw caregog cyn cyrraedd y copa cynta. Mae'n hawdd deall sut y tyfodd y straeon am gewri'n cario llwythi o raean ac yn eu gollwng mewn llefydd fel hyn. Pa esboniad arall fyddai gan bobl erstalwm am y clystyrau yma o gerrig rhydd sy'n symud o dan eich traed ac yn cloffi eich cerdded? Rhyw fath o gawr oedd y rhewlif a grymoedd anferthol sydd wedi gwthio ambell graig i'r wyneb ac wedyn ei thorri'n fân wrth rewi a meirioli. Hofrenyddion sy'n dod â'r cerrig bellach, i drwsio ôl ein traed.

Yn sydyn, mae yna wlad newydd arall yn ymrithio oddi tanoch trwy agennau'r clogwyni llym. Ffin unwaith eto, rhwng un byd a'r llall. Dacw fferm Tal-y-mignedd a bwlch Drws-y-Coed. I lawr yn fan'na rhywle y mae'r hen gapel bach a

chwalwyd gan graig o'r mynydd ac yno y mae olion yr hen weithfeydd mwyn fel atgof cas sy'n pylu'n araf. Uwch eu pen, mae Craig y Bera, un ochr i'r Mynydd Mawr sy'n ymestyn draw i'r hen ardal yn y Waunfawr. Ond mae o'n fynydd gwahanol yn fan'no.

Ac mae hon yn wlad wahanol. Gwlad Blodeuwedd a Gwydion a Lleu. Ond nid creu merch o flodau a wnaethon nhw yma, ond creu bywyd o lechen lwyd. Mae'r ddau lyn wedi mynd yn un a, hyd yn oed os ydi chwareli Nantlle heb ysgolion na dynion mwy, mi fedrwch chi ddal i deimlo'r grym a dynnodd y tomennydd o'r pridd ac a wthiodd y rhesi tai a'r capeli a'r siopau i'r wyneb. Mae'r chwareli bellach yn edrych fel maes brwydr, yn dyllau a phothelli llwyd – fel petai rhywbeth dychrynllyd wedi digwydd yma wrth i ddyn fentro i le na ddylai fynd. Mi grawciodd y gigfran sawl tro ac mae'n dal i wneud pan fydd y deifwyr o'r dinasoedd yn colli'u ffordd ym mwrllwch y Twll Mawr. Fel y dynion ifanc erstalwm ym mhyllau'r tylwyth teg.

Eich tynnu chi a'ch gwthio chi'n ôl y bydd ymylon y clogwyni, dibyn ar ddibyn yn cwympo'n un rhuthr i lesni'r caeau islaw, yn eich cyfareddu a'ch arswydo. Un funud mae'r cymylau glaw yn cael eu llusgo gan y gwynt yn amdo llwyd tros bopeth ac, wedyn, yn y pellter, mae'r môr yn olau fel gobaith a dim ond cysgodion y cymylau'n symud fel llongau hyd-ddo o Landdwyn at droed yr Eifl.

Mae'n amser troi at y drum hir sy'n ymestyn o'ch blaen, yn llydan, yn gul, yn serth ac yn hamddenol at y fan lle mae mast Nebo fel nodwydd neu arwydd o ddiwedd y daith. Y rhan nesa yma, tros Fynydd Drws-y-Coed at Drum y Ddysgl, ydi'r mwya cyffrous o'r cyfan, lle mae angen help llaw a phenglin a lle mae'r ddaear yn diflannu o fewn modfeddi i wadn eich troed. Ond mae'r olygfa o Gwm Pennant yn wobr ac Ardudwy'n agor o'ch blaen.

Cefnen, ysgwydd, braich, ystlys . . . mae'r Gymraeg wedi troi'r mynyddoedd yn greaduriaid byw ac mae yna straeon a ffordd o fyw yn ymrithio trwy yr enwau . . . Cwm Llefrith, Cwm Trwsgl, Cwm Ciprwth. Wrth eu dweud nhw, mi allwch ddychmygu'r bobl oedd yn arfer cerdded yma, yn fugeiliaid gwydn neu'n chwarelwyr a mwynwyr mentrus, a phrofiad y mynydd yn cael ei gario'n ôl i lawr efo nhw yn yr enwau ac yn y straeon.

Oddi tanoch chi ar y chwith y mae Bwlch-y-ddwy-elor. Pa ots fod arbenigwyr bellach yn arddel enw arall . . . mae'n well credu'r stori am angladdau rhwng Beddgelert a Chwm Pennant, a'r arch yn cael ei throsglwyddo o elor un plwyf i'r llall. Mae'n siŵr nad Glyn Dŵr oedd biau'r ogof ym Moel yr Ogof chwaith, ond nid peth fel yna ydi hanes go iawn ac, wrth edrych draw o un clogwyn ysgythrog at y llall i gyfeiriad Moel Hebog, mae'n hawdd ei ddychmygu'n troi am un cip arall ar y wlad cyn encilio i aros yr alwad.

Y peth rhyfedd fan hyn ydi'r sŵn. I lawr ar y llethrau, does fawr ddim i'w glywed, dim ond murmur pell y lôn bost ac, efallai, udo'r trên bach. Mae yna greigiau a chribau a thrumiau i gau drws ar ddwndwr y byd. Ond i fyny yn fa'ma pan na fedrwch chi fynd ddim uwch, a lle mae byd natur yn dawel, dawel, mae sŵn y prysurdeb yn codi atoch fel ton.

Wedi'r cwymp serth i'r bwlch uwch Cwm y Ffynhonnau, mae'r llwybr hir yn tynnu eich llygad i ben Mynydd Tal-y-Mignedd. Yn denu a thorri calon. Weithiau, mae'n haws peidio â gweld gormod o'r daith o'ch blaen. Yno, ar y drum, mae bwlch mewn wal gerrig yn eich cyfareddu, fel cwestiwn heb ateb iddo. A'r tŵr cerrig tal, taclus a godwyd gan chwarelwyr dienw yn rhyfedd ac allan o'i le.

Crib Nantlle

Y Mynydd Hwn

Does dim llawer o bobl yn cerdded ymhellach na hyn. Mae yna rywbeth dychrynllyd yn unigedd Craig Cwm Silyn a'r ddau lyn yn ddu yn ei chysgod. Mae yna deimlad o fentro'r tu hwnt . . . tu hwnt i be, pwy a ŵyr? Does dim ond sŵn eich traed ar y cerrig rhydd erbyn hyn a bref ambell ddafad yn adleisio yn erbyn y creigiau fel na wyddoch chi'n iawn ble mae hi. Lle i fod eich hun ydi hwn, i deimlo'r unigrwydd ac adnabod eich lle, wrth straffaglu i lawr dros y cerrig rhydd ac, os collwch chi'r llwybr, i ymbalfalu trwy'r twmpathau grug a'r brwyn.

Ac mi gyrhaeddwch Nebo neu Nasareth, a'r enwau'n creu byd dieithr arall gannoedd o filltiroedd a mwy na dwy fil o flynyddoedd draw. O Nebo, edrych yn ôl ac i fyny at wlad yr addewid.

Crib Nantlle

1. Mynydd Tynybraich
2. Mynydd   y Gwrhyd
3. Cader idris
4. Mynydd Blorens
5. Cefn Du
6. Dinas Brân
7. Y Berwyn
8. Garn Fawr
9. Mynydd y Garreg
10. Crib Nantlle

CANLLAW I'R HOLL LUNIAU.

Dyma gyfrol fendigedig sy'n gyfuniad o ysgrifennu praff a ffotograffau trawiadol, a'r cyfan gyda'r unig fwriad o ddathlu mynyddoedd Cymru. Er nad yw pob mynydd yn uchel iawn – yn wir, gellid dadlau mai bryniau a chanddynt ormod o uchelgais yw ambell un – maent i gyd yn meddu ar le arbennig iawn yng nghalon yr awduron.

Mae'r deg ysgrif wahanol iawn gan awduron adnabyddus yn ein tywys i bob cwr o'r wlad. Awn i Fynydd Tynybraich gydag Angharad Price, i Fynydd y Gwrhyd gydag Alun Wyn Bevan, ac i Gader Idris yng nghwmni Bethan Gwanas. Rhanna Lois Arnold ei phrofiadau am Fynydd Blorens, a datgelir cyfrinach Cefn Du gan Llion Iwan. I'r gogledd-ddwyrain yr awn gydag Elin Llwyd Morgan a Iolo Williams – i Ddinas Brân a'r Berwyn – cyn hedfan i ben arall y wlad, i'r Garn Fawr, yng nghwmni Mererid Hopwood. Ray o'r Mynydd, y dihafal Grav, sy'n datgelu dirgelion Mynydd y Garreg, ac mae Dylan Iorwerth yn ymlwybro ar hyd Crib Nantlle.

Daw'r undod oddi wrth ddelweddau gwefreiddiol Ray Wood, y ffotograffydd a'r mynyddwr o Ddeiniolen, sy'n arbenigwr cydnabyddedig ar dynnu lluniau o fynyddoedd ledled y byd.

Mae'r lluniau moethus a'r ysgrifennu cyhyrog yn rhoi cyfle i ni rannu gogoniant ac ysblander lleoedd anial Cymru heb orfod codi o'r gadair, ond gobeithio y byddant yn ysbrydoliaeth i ambell un godi pac a darganfod drosto'i hunan yr hudoliaeth sydd ymhlyg ym mynyddoedd Cymru.

ISBN 1-84323-557-9

9 781843 235576

Llun y clawr: Ray Wood
Gwasg Gomer
Llandysul, Ceredigion
www.gomer.co.uk

£14.99